[印]尼赫鲁 著
高原 译

GLIMPSES OF WORLD HISTORY
Jawaharlal Nehru

人类的历史

图书在版编目（CIP）数据

人类的历史 /（印）尼赫鲁(Nehru,J.) 著；高原译 . — 北京：北京大学出版社，2016.4

（沙发图书馆）

ISBN 978-7-301-26863-6

Ⅰ.①人… Ⅱ.①尼…②高… Ⅲ.①世界史-通俗读物 Ⅳ.①K109

中国版本图书馆CIP数据核字(2016)第025039号

书　　　名	人类的历史 Renlei de Lishi
著作责任者	[印]尼赫鲁(Jawaharlal Nehru) 著　高原 译
责任编辑	吴敏
标准书号	ISBN 978-7-301-26863-6
出版发行	北京大学出版社
地　　　址	北京市海淀区成府路205号　100871
网　　　址	http://www.pup.cn　新浪微博：@北京大学出版社
电子信箱	sofabook@163.com
电　　　话	邮购部 62752015　发行部 62750672　编辑部 62757065
印　刷　者	北京中科印刷有限公司
经　销　者	新华书店
	880mm×1230mm　A5　8印张　138千字 2016年4月第1版　2016年10月第2次印刷
定　　　价	56.00元

未经许可，不得以任何方式复制或抄袭本书之部分或全部内容。

版权所有，侵权必究

举报电话：010-62752024　电子信箱：fd@pup.pku.edu.cn

图书如有印装质量问题，请与出版部联系，电话：010-62756370

这森林可爱又幽深,
可我曾答应过,
在安息之前再走它一程,
在安息之前再走它一程。

——罗伯特·普罗斯特

父女情深：尼赫鲁与独生女英迪拉

目录

译者前言 _____ 1

- 历史的意义 _____ 1
- 人类的追寻 _____ 3
- 征服大自然 _____ 5
- 耶稣之前的宗教 _____ 8
- 荣耀属于希腊 _____ 13
- 耶稣和基督教 _____ 20
- 罗马帝国 _____ 27
- 世界大一统的理念 _____ 29
- 罗马的覆亡 _____ 31
- 拜占庭文明兴起 _____ 33
- 伊斯兰教到来 _____ 37
- 封建制度 _____ 42
- 一千年前的亚洲和欧洲 _____ 46
- 欧洲城市的兴起 _____ 51
- 信仰自由的斗争 _____ 57
- 启蒙时代到来 _____ 59
- 大机器时代 _____ 64

- 美国独立革命 _____ 69
- 法国大革命 _____ 73
- 拿破仑的起落 _____ 75
- 十九世纪及其危机 _____ 83
- 英国人在印度 _____ 95
- 印度的觉醒 _____ 103
- 危机重重的中国 _____ 107
- 日本崛起 _____ 110
- 回眸西亚 _____ 118
- 波 斯 _____ 126
- 偏离大革命 _____ 140
- 著名的现代作家 _____ 143
- 达尔文和科学的胜利 _____ 151
- 民主的发展 _____ 158
- 社会主义 _____ 166
- 美国内战 _____ 170
- 爱尔兰与英国的冲突 _____ 176
- 沙皇俄国 _____ 181
- 世界大战：1914—1918 _____ 187
- 布尔什维克革命 _____ 196
- 《凡尔赛条约》_____ 208
- 战后的危机 _____ 215
- 印度和甘地 _____ 218
- 西亚再次进入世界政治 _____ 223

- 巴勒斯坦 _____ 228
- 法西斯主义 _____ 231
- 战争的阴影 _____ 236
- 历史的教训 _____ 238

贾瓦拉哈尔·尼赫鲁

译者前言

印度首任总理贾瓦哈拉尔·尼赫鲁和中国的周恩来总理有诸多相似之处，除了分别是中印两国的首任总理，他们也是各自国家在位时间最长的总理，去世之后，也都把骨灰撒在他们所热爱的国土上。

最大的区别也许在于，周总理没有儿女，尼赫鲁家族则祖孙一门三总理（分别是尼赫鲁、女儿英迪拉·甘地和外孙拉吉夫·甘地）。

尼赫鲁特别注重对女儿英迪拉的培养。20世纪30年代初，尼赫鲁身陷囹圄中，给十四五岁的女儿英迪拉写了大量家书。《人类的历史》根据这些信件汇编而成，所以这本书可以说是印度将来的首任总理给第二任总理的"函授历史课"。

关于尼赫鲁的生平，他1889年出生于英国培养出来的一个印度精英家族。1905年入英国哈罗公学之前一直由私人教师教育，1907年入读当时被广泛戏谑为"英国首相培养基地"的剑桥大学三一学院。1912年，尼赫鲁取得律师资格，回国担任律师，在父亲影响下进入国大党参加政治活动，不久成为圣雄甘地最坚定的追随者。甘地1948年被刺杀后，尼赫鲁成为印度独立运动中最有威望的领导人。

从 1921 年至 1945 年,尼赫鲁先后入狱 9 次,共坐牢 1041 天。在狱中,尼赫鲁恢复了大量阅读的嗜好。用英文留下了三部重要作品《人类的历史》(1934)、《尼赫鲁自传》(1935)和《印度的发现》(1942)。

50 年代与印度的蜜月期间,我国译出了《尼赫鲁自传》和《印度的发现》,值得一提的是《印度的发现》译者署名齐文,其实是东京审判中的中国检察官之一向哲濬的化名。

《人类的历史》一直没有中译本。《人类的历史》第一版巨细靡遗,足有一千多页,很多篇幅是关于印度历史的细节,非印度读者很难进入那些历史语境。1942 年美国的 The John Day 公司推出了一个方便读者阅读的节本,今天我们的这个译本以美国版为底本,删去若干时代特色太明显的段落,又加以配图和注释,希望它是一个适合当下中国读者的译本。

历史的意义

我们往往认为自己国家的历史比其他国家的历史要更波澜壮阔,更值得研究。这种想法是一个陷阱,却极易深陷其中。在开始动笔时,我想尽力避免这个错误,写着写着我却觉得已经落入此窠臼。假如我受的教育是漏洞百出的,我学的历史是颠倒黑白的,如何能保证自己写出来的历史是信史呢?

在狱中独坐时,我博览群书,试图以此做弥补。但是,从孩童时代、青年时代开始就嵌入脑海的那些人物与事件之陈说,我还是很难完全摒除。可以说,这些陈说给我的历史观戴上了一副有色眼镜。

对于史书上大书特书的人物,我不可能避而不谈。这些人物各有其特异之处,有助于后人理解他们所生活的时代。历史并不只是帝王将相等大人物的简单起居注。如果它是的话,那历史这个铺子到今天就应该关张了,因为世间已无帝王将相。不过当然,伟大之人向世人昭告其伟大,并不需要冠冕珠宝。只有那些徒有封号或封地的无德无才者,才需要侍从或华服来掩饰其自身的空洞。只可惜,很多人往往被外在之物欺骗。

真正的历史要书写的,并不是几位伟人,而应该是广大人民,正是他们组成了国家,用他们的劳动生产出生活必需品,还有奢侈品,他们以一千种不同的方式相互作用着，反作用着。这样的历史活生生是一部荡人心魂的传奇故事。它讲述了人类在各个时代与大自然的斗争，与猛禽野兽的斗争，而最为艰难的斗争则是与那些将他们践踏在地并加以剥削的同类的斗争。

只身狩猎的野蛮人，慢慢形成了家庭，全家一起工作，相依为命。家庭与家庭合作，形成村子，各个村子的工匠、商人还有手艺人形成公会。你能看到，社会单位慢慢形成。最开始的时候只是单个的野蛮人，谈不上有社会。家庭是一个略大的单位，村子和村落则更大。

社会单位何以会生长起来呢？人类要拼命谋生，正由此促进了发展与合作。联合起来抵御共同的敌人，明显远比一个人单枪匹马更有效。在工作中的合作也是如此。一起工作，能生产出更多食物和其他必需品。也许，正是人类谋生的斗争推动了经济体的生长，经济体的生长又导致了社会体的形成。在漫长的人类进程里，我们在最残酷的斗争与苦难中，有时甚至在历史倒退中，都可以看到这一生长。

不过，请不要因此以为，世界必然是一往无前地进步着，或者人间一日一日变成喜乐之地。也许可以说，这个世界好过从前，但它远非完美，处处有太多苦难。

人类的追寻

人类的上述跋涉，历经上万年。然而与地球的漫长纪元比起来，只是沧海一粟。人类比所有其他动物更特别，因为人类具有它们不曾有的一样新东西，那就是方寸之心，一颗渴望发现与学习的好奇心。由此从最初，人类便开始他们的追寻。我们可以观察一个小婴儿，看他是如何盯着眼前奇妙的新世界的，看他如何开始认识人和物，如何学习。一个小姑娘，她会对万事万物提出数不清的问题。在蒙昧时代，人类尚幼，世界是如此奇妙未知，然而又有点让人惊怖，我们的先人一定曾驻足凝视身边的一切，提出各种问题。除了自己，他能问谁呢？幸好有心来相助，人类慢慢地辛苦积累了经验和知识。从最开始到今天，人类始终未停步，很多事物已被我们了解，但还有很多谜团仍未解。跟随追寻的脚步，人类会发现更多新事物，会知道自己离追寻的终点有多远——如果真有这样一个终点的话。

这一追寻是什么，究其本原是为了什么？数千年来，人类一直在努力回答这些问题。宗教、哲学、科学给出了各种回答。我不会用这些答案来让你困扰，因为我自己其实也知之甚少。不过总体上而言，宗教要给出一个彻底而教条式的答案，甚少考虑到心，从来只是要求心服从宗教的决定。科学给出的则是一个游移不定的答案，因为科学从本质上来说就是不要教条，只是去实验，去理性思考，去依靠人类的心。毫无疑问，我支持科学。

关于人类追寻的种种问题，我们也许无法给出斩钉截铁的答案，但对于这一追寻，则可以用两条脉络视之：向外的追寻，和向内的追寻。人类努力想理解大自然，同时也想理解自身。"认识你自己"，古代印度和希腊的哲人都曾这么说过。《奥义书》[1]中，记载了古印度人对这类知识的不息追寻，极为精彩。大自然的知识，属于科学的领地，现代世界见证了这一领域的巨大进步。科学不仅带着自信仰望最远的星辰，同时也告诉我们微观世界中电子和质子的连续运动。

方寸心带领人类在发现之旅中乘风破浪。越了解大自然，人类就越能运用它，以满足自己需要，人类也由此变得更强大。不过可惜的是，人类不是总能知道如何使用新力量，经常会错用它，乃至酿成大祸。科学为人类提供了杀人武器，兄弟相残，令多少年来辛苦铸就的文明毁于一旦。

---

[1] 《奥义书》，《吠陀》的最后一部分，被认为有200多种，是最经典的古老哲学著作。"奥义"（upanishad）这个词直译为"在附而坐下"，其内容尼居徒坐在一个哲人面前聚坐讨论宗教问题。——译者注，下同

征服大自然

为了饱腹,先民终日奔忙。他们日复一日打猎,采集果实,从一地寻觅到另一地。渐渐地,部落便形成了。这些部落由生活渔猎在一起的大家庭组成,因为聚居比独居安全。

之后,历史发生了一次重大跃迁,也就是农业的出现。在土地上种植作物,没有整日打猎那样辛苦。春耕秋收,就等于以土地为生。部落便不像以前那样四处游荡,而需要定居在田地附近。村镇就这样形成了。

农业还带来其他变化。土地上出产的粮食一时吃不完,就被储存起来。与往昔渔猎的时日相比,生活变得复杂。人们在土地上劳作,还有一些人从事管理组织工作。管理者和组织者日渐大权在握,成为族长、酋长乃至君王。权力在手,他们将剩余粮食占为己有。有权者日渐富有,在土地上挥汗如雨的劳作者仅得糊口。到后来,管理者和组织者慵懒无能到连组织工作都无法胜任。他们镇日无事,却拿走了相当大份额的产品,甚至以为自己不劳而获是天经地义。

就这样,你可以看到,农业时代到来后,人类生活发生巨大变化。农业改进了获取食物的办法,食物变得容易得到,以此改变了社会的整个基础。它给予人类闲暇时间。各个阶层开始涌现。不是每个人都为口腹所累,一些人能够腾出手来做其他事情。各种手工业等新职业孕育而生。不过权力主要还是被管理阶层所垄断。

你会发现,生产食物和其他生活必需品的新方式也给人类社会带来巨变。人类对其他各种物品的需要,不亚于对食物的需要。就这样,生产方式的大变化会让整个社会为之一变。

我来举一个例子:当蒸汽机开始在工厂和铁路轰隆隆开动起来之后,社会的生产方式和分配方式发生了极大改变。使用蒸汽机的工厂生产速度惊人,靠双手劳作的手工业者只能望洋兴叹。蒸汽机真乃庞然大物,也是一架大工具。铁路和蒸汽船将食物和工业品迅疾地输送到遥远国度。你完全可以想象,这对于整个世界产生了何种影响。

在人类历史上,更快地产出食物和其他物品的新方法不时会涌现。你也许会想当然地认为,如果更好的生产方式出现,更多产品被造出来,那么整个世界将会越来越富有,每个人也能多分一杯羹。这一想法,一半对,一半错。更好的生产方式确实让世界更富有了。但贫穷和苦难仍然触目惊心。为什么?生产出来的物品上哪里去了?财富被越来越多生产出来,穷人却还是生活在困顿中。在不少国家,穷人的生活有所改善,但比起新创造的财富,有如九牛一毛。我们可以一眼看出这些财富去向何方。它们被少数人据为己有。越发怪异的是,这些人形成一个有闲阶级,连假装工作都不需要。

他们矜贵非常,有些头脑不清之人会认为以劳动谋生是可耻的。这便是我们这个世界的颠倒之相。地里的农民,厂里的工人,一贫如洗,而正是他们生产出了全世界的食物和财富,这难道不是很奇怪的现象吗?

我们常常谈论自由,但要是不能将这个颠倒的世界正过来,自由又有何用?政治学、治国术、经济学的书籍,关于如何分配国家财富的书籍汗牛充栋。博学的教授们对于这些话题侃侃而谈。但是,当人们在谈论的时候,劳动者们依然在受苦受难。

人类对大自然呈蚕食之势,森林被砍伐,房屋建起来,田地开垦出来。人们经常会谈到征服自然,这样的提法并不正确。比较正确的说法应该是:人类开始理解大自然,我们理解得越深,就越能与大自然协作,使它为人类所用。

远古时,先民对于大自然和自然现象甚是畏惧。他们便对天地顶礼膜拜,奉上祭品,好让它息怒,就好像大自然是可以被取悦的野兽。害怕雷电时疫的先民们以为只有用祭品才能免祸。许多先民头脑简单,以为日食与月食都是大灾。未能认识到这只是一种自然现象,人们斋戒沐浴,要去护佑日月!天地自宽自大,日月照常贞明,人类不需要杞人忧天。

耶稣之前的宗教

让我们在历史的长路上前进。到两千五百年前,或者换个表达方式,即耶稣基督降生的六百年前,我们抵达一个重大里程碑。请别误以为这是一个精确的年份,我只是给出了一个大略的时间段。

在这个时代里,涌现出一些伟大的思想家,宗教创立者,从中国、印度到波斯和希腊,概莫例外。这些伟大人物并非完全同时代,但生卒年较为接近,于是公元前6世纪成为非常有意义的一个时间区间。当时的各大文明纷纷出现新思潮,也即对现状不满并展望更美好世界的一股思潮。宗教的伟大创立者都是在寻求更美好的人间,并致力于改变并提升民众,减轻万民的痛苦。他们都是革命者,大无畏地鞭挞既有的罪恶。旧传统步入歧路,或陷入停滞时,他们便以大勇气,奋起抨击、毁弃此传统。最重要的是,他们树立了一种高尚生活的典范,"千秋百代"都能从中汲取启示。

在印度,公元前6世纪时,我们有释迦牟尼和大雄;在中国,有孔子和老子;在波斯,有琐罗亚斯德;在希腊的萨摩斯岛,则出了毕达哥拉斯。

琐罗亚斯德据说是拜火教的创始人,但我怀疑称他为创始人是不是很恰当。也许更确切地说,他为波斯的原有思想和宗教开辟了新的方向,予以新的形式。长

苦修的释迦牟尼

久以来，拜火教已经基本上在波斯销声匿迹了。

在中国，孔子和老子两大圣贤，都并非通常意义上的宗教创始人。他们为世风垂范，告诉世人何者应为，何者不应为。但是在孔子和老子身后，建起了大量孔庙、老子庙，后人奉祀不已。《论语》《道德经》在中华大地的崇高地位，就好比《吠陀经》之于印度教，《圣经》之于基督教。儒家学说，对中国人的影响之一，便是使中国人成为世界上最彬彬有礼、最文雅的民族。

印度出现了大雄和释迦牟尼。大雄创建的耆那教至今仍赓续不绝。大雄的真名叫做筏驮摩那，弟子们尊称他为摩诃毗罗，即伟大的英雄，简称大雄。耆那教徒主要生活在印度西部，在卡提阿瓦半岛，今天经常被包括在印度教中。在卡提阿瓦半岛还有阿布山地区，耆那教留下了绝美的寺庙。他们坚信非暴力，反对伤害任何生灵。说到这里要附带一句，毕达哥拉斯也是一位严格的素食者，他要求所有门徒都茹素。

现在我们要说一说释迦牟尼。你肯定已经知道，他出生于刹帝利，迦毗罗卫国王子，名叫悉达多。母亲为摩耶夫人，《佛所行赞》曰"群生乐瞻仰，犹如初生月，夫人犹舍脂，执志安如地，心净若莲花"。释伽牟尼生于富贵乡，双亲尽一切可能不让他目睹人间悲苦。但这如何能做到？释迦牟尼还是亲眼见到了生老病死，深受震动。身处深宫的他从此内心难以平复，人类的苦难萦绕着他，无论是优裕舒适的生活，还是他所爱的娇妻,都难以让他释怀。他想要找到疗世之方,这一想法潜滋暗长,直到有一天,他夤夜离去,抛下王位,以及他所爱的一切,孤身到大千世界,为世间诸苦找寻答案。修行的日子漫长而艰辛。多年以后,他在伽耶城的菩提树下大彻大悟。菩提树一名也由此而来,"菩提"意为觉悟。释迦牟尼成佛后,即在波罗奈斯城外的鹿野苑从事说示传教。他指出"生灭四谛"之法,向诸神献祭不可取,而应戒贪嗔痴,戒邪念。

释迦牟尼生活的年代,印度流行的是传统的吠陀教。但吠陀教在当时已经退化,从鼎盛状态跌落下来。婆罗门将民间信仰、旁门左道等等一揽而归,祭祀不绝,越是繁文缛节,主祭的婆罗门阶层就越是兴盛。种姓严苛,平民惊惧于巫术禁咒。婆罗门以此将人民摆布于指掌,对刹帝利统治者构成威胁。刹帝利与婆罗门两大阶层之间产生角力。释迦牟尼以大改革家之姿态,挺身而出,抨击婆罗门暴政,以及潜伏在传统吠陀教中的各种罪恶。人民应诸恶不做、众善奉行,过正等正觉的生活,而非营营于祭祀仪轨。释迦牟尼还建立了践行佛教学说的组织——僧伽(僧团)。

佛教并未在印度广为流布,到后世几乎不再作为独立宗教存在。从斯里兰卡到中国,佛教在这些遥远的国度开枝散叶,但在本土印度则被吸收到了婆罗门教(或印度教)中。

人与宗教的关系为何?对有些人来说,宗教意味着彼岸世界：天堂，极乐世界。为了上天堂，而投入宗教，这让我联想到孩童为了得到千层酥点心的奖励，而做某件事。如果孩童一直想着千层酥点心，你肯定不会说这个孩子家教有方。如果一个孩童做每件事都是为了得到像千层酥这样的奖励，你也一定不会表示赞许。那么，若成年人以类似的方式想问题、做事情，你会怎么想？向往千层酥或天堂，二者之间并无本质区别。人类或多或少会为自己考虑，但我们尽可能想将孩子们培养得无私一些。廓然大公是人类的理想境界，我们致力于追求这理想。

生而为人，莫不希望建功立业，这是人之常情。但建功立业最终是为何？是为了自己，还是为了更高远的福祉，即社会、国家或者整个人类的福祉？毕竟，更高远的福祉也将我们自身包含在内。

几天前，在给你的信中，我摘抄了一段梵文诗句。诗中说道，个人应为众人牺牲，众人应为国家牺牲。我再摘抄一段来自《薄伽梵往世书》的文字，翻译如下：

我不求至福，或跳出轮回。我只想为众生受苦受难，以免去他们的痛苦。

关于宗教，甲说东，乙说西，一方经常认为另一方愚不可及。到底孰是孰非？由于宗教所涉是看不见摸不着的不可证之物，因此很难有定论。不过，以己之是为是，要将对方除之而后快，这样的立场无疑很专横。

大多数人心智褊狭，缺乏智慧。我们如何能认定自己掌握全部真理，并将自己看法硬塞给邻人呢？也许我们的看法是对的，但邻人的看法也有可能是对的。你看到了树上的繁花，邻人看到了枝叶，双方都只是看到树的一部分。因此断言树即是花，或者树即是叶或枝干，然后吵个不休，真是何其荒唐！

对我来说，彼岸世界没什么吸引力。我心心念念的是在这个世界上我应该做什么，假如我能看清自己要走的路，我就很满足了。假如明了此世所要做的，我不会去想彼岸世界之事。

荣耀属于希腊

现在让我们把视线投向希腊和波斯，审视一下二者之间的战争。波斯帝国当时的统治者，叫做大流士。大流士的波斯帝国之大，不仅在于疆域广大，而且在于组织宏大。从小亚细亚到印度河，埃及以及小亚细亚的一些希腊城邦，一度都是波斯的领土。无数条大路横贯整个帝国，沿途设有驿站。大流士打算将希腊所有城邦都纳入囊中，于是发动了数次战争，在此期间也催生了历史上非常著名的战役。

一位名叫希罗多德的希腊史学家记录下了希波战争。希罗多德生于希波战争结束后不久，毫无疑问偏向希腊，不过他留下的文字意义深远。

波斯对希腊的第一次大举入侵，以波斯大败而归告终，兵败的原因在于行军途中的时疫与粮草不足。波斯军队还没有抵达希腊，就不得不铩羽而归。公元前490年，大流士卷土重来。这一次，波斯人吸取上次陆路进攻的教训，转由海路逼近，在雅典附近一个叫做马拉松的地方登陆。雅典人惊恐万分，波斯帝国的威名实在让人胆寒。雅典人设法与昔日宿敌斯巴达人联手，向斯巴达人求援。不过，在斯巴达援军到达前，雅典人就已经击退波斯军队。这便是著名的马拉松战役。

雅典这么一个小小的希腊城邦居然能打败一个大帝国的军队，实在有些不可思议。但也可以说事出有因。雅典人在家门口以逸待劳、保家卫国，波斯军队长途奔袭，此是原因之一。而且波斯军队是一支雇佣军，军士来自波斯帝国各地，他们打仗只是为了拿工钱，对于征服希腊没什么兴趣。对雅典人来说，他们是为自由而战，不自由，毋宁死。

公元前486年继任的大流士之子薛西斯一世，于前480年亲率波斯军数十万人、战船一千余艘，分海陆两路西进。天不与波斯人，海路一线上的军舰尽毁于风暴。希腊人被薛西斯的陆路大军阵仗吓坏了，收起彼此的纷争，众志成城，一致对外。希腊联军要赶在波斯人抵达之前先行撤退，斯巴达王列奥尼达领兵扼守地势险要的温泉关。温泉关极为狭窄，一面靠山，一面

《列奥尼达在温泉关》
雅克·路易·大卫（1748—1825）
年份：1814 年
馆藏：巴黎卢浮宫

靠海，一夫当关万夫莫开。这里便是列奥尼达与他的斯巴达三百壮士死守乃至殉国之地。斯巴达三百壮士在国家存亡之际，挺身而出，为希腊联军的撤退赢得了宝贵的时间，可谓义薄云天。一位壮士倒下，后面的壮士顶上去，波斯军队始终无法前进，直到列奥尼达与斯巴达三百壮士就这样前赴后继，全部为国惨烈捐躯。温泉关战役发生在两千四百多年前，即使是今天，一想到斯巴达三百壮士无法用语言形容的勇气，我们仍然心魂激荡。如今的温泉关，有列奥尼达与他的三百名袍泽墓志铭镌刻于石，令路过的旅人两眼湿润：

过往的客人，请带话给斯巴达人，说我们忠实履行了诺言，长眠在这里。

大哉勇气，战胜了死亡！列奥尼达与斯巴达三百壮士永驻时光里，即便是远在印度的我们想到他们的壮举，也不免深感震撼。

温泉关只一时抵挡了波斯大军。希腊联军在波斯人长驱直入前撤退了，一些希腊城邦甚至降了敌。心高气傲的雅典人宁愿撤出故土，也不愿投降。整座雅典城都撤空了，大多数人乘船而去。波斯人进入空城，将它付之一炬。雅典军舰还保存着实力，于是双方在萨拉米斯附近展开激烈海战。波斯战舰纷纷被击沉，灰心丧气的薛西斯只好带领残兵败将回老家。

在这之后，波斯帝国还维持了一段时间，但马拉松和萨米拉斯两役预见到了它的末途。生活在那个时代的人，看到如此庞大的帝国摇摇欲坠，一定满心惊讶。希罗多德经过思考后，从中得出一个结论。他说，一个国家会经历三个阶段：第一阶段为成功；成功会带来傲慢与不公，是为第二个阶段；然后便是覆亡。

希腊赢得希波战争，产生了两个深远影响：波斯帝国逐渐凋落，希腊人进入了辉煌时代。在古希腊历史长河中，这一辉煌时代相当短暂，统共持续了不到两百年。希腊的这种辉煌，和波斯等已消逝的大帝国那样的辉煌不一样。亚历山大大帝后来会崛起，用攻城略地震惊整个世界，不过我们此处并不涉及他。我们讨论的是希波战争和亚历山大大帝崛起之间的这段历史，也即温泉关和萨拉米斯战役后约一百五十年的时间。波斯入侵，让希腊人众志成城。危险消失后，他们又重回纷争。特别是两大列强雅典和斯巴达，彼此成了冤家。不过，我们也不会花时间去了解城邦之间的打打闹闹。这些事情并不重要，它们之所以被后人铭记，只因为这一时期希腊在其他方面的不朽贡献。

那个时代的希腊，如今只留下零星书籍、雕像和遗址，然而已足以令后人高山仰止，瞻望古希腊人在多方面的伟大之处。他们的心灵是多么深邃，双手是多么灵巧，才能创造出美得像奇迹一样的雕塑和建筑！菲迪亚斯是当时名闻天下的众多雕塑家中的一位。古希腊戏剧（悲剧与喜剧）是人类最伟大的戏剧作品。索福克勒斯、埃斯库罗斯、欧里庇得斯、阿里斯托芬、品达、米南德、萨福……你若阅读他们的作品,就能领略到某种叫做希腊荣耀的东西。

　　古希腊的这段光荣历史也像是一种警示,告诉我们应如何解读一国的历史。如果我们只留意大大小小的征战这类无关紧要之事,我们对古希腊城邦就近乎无知。要真正理解古希腊,就必须进入古希腊人的心灵,去领略他们的所感所为。

　　雅典是希腊诸城邦这一时期的佼佼者。它拥有伯里克利这位不世出的政治家。在伯里克利当政的三十年中,雅典成为一座卓荦之城,满是美轮美奂的建筑、伟大的艺术家和思想家。就是现在,伯里克利的雅典,以及伯里克利的时代也经常出现在世人口中。

　　历史学家希罗多德大约生活于这一时期的雅典,一向喜欢总结的他认为雅典留下了这一史鉴:

> 雅典人就这样强大起来了。显而易见的是,自由是一件绝好的事情。这不只是从这一个例证中,而是从许多的例证中足以得到证明。因为处于僭主统治下的雅典人,在军事方面丝毫不强于他们的任何邻人,但是一旦摆脱了僭主的桎梏,他们很快就脱颖而出、成为佼佼者了。这些事实还表明,当人们受到压迫的时候,他们常常一败涂地,因为那是在为他们的主子效力;但是一旦他们获得了自由,人人就都渴望尽心竭力,争取有最好的表现。

上文中，我列举了几位伟大的雅典人，但还未谈及一位最为俊拔者，他的名字叫做苏格拉底。苏格拉底是一位哲学家，以寻找真理为己任。对他而言，唯一值得拥有的，便是真正的知识。他经常与人讨论艰深问题，因为真理越辩越明。苏格拉底广收学生，柏拉图是其中之一。柏拉图的很多著述流传到了今天，从这些著述中，我们也借以了解到老师苏格拉底其人其事。当局不喜欢寻找真相的人，不喜欢对真理孜孜以求的行为。伯里克利时代刚过去，这时的雅典当局对于苏格拉底的所作所为十分不满，于是便审判苏格拉底，判处他死刑。他们告诉苏格拉底，如果能痛改前非，就既往不咎。但苏格拉底选择了毒酒，而不愿放弃他视为责任之事。在法庭上，苏格拉底对雅典同胞如是说：

> 如果这是你们放过我的条件，我会回答说：雅典人，我爱你们，我尊重你们，但我宁愿遵循神意而不是你们的意见，只要我还有生命和力量，我永远不会停止哲学思考和哲学教育。我会用我的方式劝诫任何一个我见到的人，让他得到信仰，我会对他说："啊我的朋友，你是伟大的强盛的富有智慧的雅典城邦的公民，你怎么能够让自己那么在意积累金钱、荣誉、名声这种东西呢？而对于智慧，对于真理，对于你自己灵魂的完善好像你都很少想到过。你不会因此觉得惭愧吗？"……分别的时刻来到了，我们会各走各的路，我去死，而你们继续活着，哪一条路更好，只有神才知道。

苏格拉底用他的一生，更用他的死，诠释了对真理的追求。

在今天，我们经常会读到有关社会主义、资本主义等问题的讨论，因为世界上到处都是受难和不公，有识之士忍无可忍，决心改变现状。柏拉图致力于思考政治，这方面著作等身。因此在古希腊，哲人们就在思考如何治理国家，以实现最多的福祉。

柏拉图故去后，另一位希腊思想家走到了历史聚光灯下。他的名字叫做亚里士多德。亚里士多德曾经担任亚历山大的老师，亚历山大大帝对这位老师襄助甚多。亚里士多德不像苏格拉底和柏拉图那样沉迷于哲学问题。他更倾向于观察自然界万物，理解大自然的运行方式。这便叫做自然哲学，现在我们称之为——科学。因此可以说，亚里士多德是有史以来最早的科学家之一。

耶稣和基督教

耶稣基督的生平行略，写在了新约圣经中。这些福音书对于耶稣的青少年时代一笔带过。我们只知道他生于拿撒勒，传教于加利利，三十岁后来到耶路撒冷，不久便遭逮捕，被罗马总督彼拉丢判死刑。至于耶稣传教前做过什么、去过哪里，世人都不清楚。

整个中亚,包括喀什米尔、印度最北部的拉达克、中国的西藏,甚至更北地区,都认定耶稣到过当地。甚至有人认为耶稣曾亲临印度本土。此事目前尚无定论,绝大多数研究耶稣生平的权威学者都否认耶稣到过印度或中亚。不过,这也很难说。当时印度西北的塔克沙希拉大学,吸引了遥远国度的学子前来求学,耶稣也许便是其中之一。耶稣的教义,在许多方面神似释迦牟尼的佛教,他很有可能谙熟佛教。不过佛教在他国已盛行,故而不一定非要到印度才能与佛教结缘。

宗教在历史上引起了极大的纷争与冲突。因此了解世界各大宗教的源头,进行比较,便是很有意义之事。我们可以看到,它们的教义主旨是如此相似,相似得让人感叹:人们为细枝末节而争执不休,实在是愚不可及。早期的教义不断被掺入新内容,被扭曲,到最后几乎变得面目全非。教士也皆是心胸狭窄、不懂宽容为何物的盲信者。宗教经常沦为政治和帝国主义的工具。罗马帝国曾有政策,在民众间煽动迷信,以达到稳定统治的目的。罗马的贵族阶层徜徉在高深哲学中,老百姓接触哲学,没什么用处,也不安全。后世的意大利思想家马基雅维利(1469—1527)写过一部《君主论》,书中说,宗教是政府统治之必要,统治者哪怕觉得宗教不可信,也有义务扶持宗教。即便今天,以宗教之名,行帝国主义之实的例子不胜枚举。难怪卡尔·马克思会说:"宗教是老百姓的精神鸦片。"

《背负十字架的受难基督》(局部)
[意]安布罗吉奥(1465—1535)

耶稣是犹太人。犹太民族是一个非常特别、不屈不挠的民族。在大卫王和所罗门王在位期间，犹太人有过短暂的好光景，但在此之后，便跌入永劫之泥沼。后世的犹太人在意念中不断放大此好光景，使它变成过去的黄金时代，并憧憬在某个特定时刻，黄金时代会再来，犹太人会再度强大。犹太人流散在罗马帝国各地甚至更远，但始终具有凝聚力，深信黄金时代重临，一位弥赛亚会宣告它的到来。两千多年来，流亡的犹太民族，一无家园，二无避难地，被迫害到无以复加，生死由人，却能保持自身的民族认同，团结在一起，这实在是人类史上的奇迹。

犹太人对弥赛亚千盼万盼，他们也许曾经希望耶稣就是弥赛亚，但很快就失望了。耶稣说着奇奇怪怪的话，反对现有的社会秩序。他尤其反对富人，也反对将宗教变成仪轨戒律的一群伪善之徒。耶稣并不是来允诺财富和荣耀的，他要求人们放弃自己所拥有的，转而追求一个虚无缥缈的天国。他说着各种故事和寓言，再清楚不过的是，他生而为革命者，无法忍受现状，致力于改变现状。这可不是犹太人想要盼来的，于是大多数犹太人反对耶稣，把他交给了罗马当局。

罗马帝国容许当地的各种宗教，哪怕有人渎神，也不会受惩。当时的罗马皇帝提比略（罗马帝国第二位皇帝）曾有名言："神要是受了侮辱，请神自己去处理吧。"因此，当耶稣的案子呈上来时，罗马总督彼拉丢不可能因宗教原因而下判决。耶稣被犹太人视为威胁社会安定的政治犯,因此被判钉死在各各他的十字架上。耶稣在十字架上受难时,连他亲自选定的门徒都弃他而去,不认他。门徒的离弃,让耶稣几乎难以承受酷刑,在临终前,他说出了令人闻之动容的这一句:

我的上帝!我的上帝!你为什么舍弃我?

耶稣只活了三十岁多一点。当我们在文字优美的福音书里读到耶稣悲惨之死,很难不受感染。基督教在后世蓬勃发展,不计其数的人敬拜耶稣之名,虽然真正遵从耶稣教义者不多。我们必须知道的是,耶稣被钉死在十字架上时,巴勒斯坦之外,无人知有耶稣其人。罗马人对他一无所知,即便是罗马总督彼拉丢也不认为这个事件有什么重要性。

耶稣在最后的时刻被门徒们离弃,但耶稣死后不久,保罗出现了。从未见过耶稣的保罗开始传播他所理解的基督教教义。很多人认为保罗所传教义迥异于耶稣原意。保罗这个人,能力强,学识高,但并非如耶稣那样的社会革命家。然而,保罗成功将基督教传播了出去,基督教逐渐生根开花。刚开始的时候,罗马帝国完全没把基督教放在心上,以为基督徒就是犹太人的一个宗派。万万没想到的是,基督教越来越"反动",它与所有其他宗教为敌,还拒绝礼拜皇帝像。在罗马人看来,基督教的立场偏颇至极,这令他们十分不解,因此认定基督徒是一群颇可怪之人，好斗而不开化，与人类进步为敌。罗马帝国从宗教角度而言本来是能够容忍基督教的，但基督教徒拒绝礼拜皇帝像，这就是一种叛国的死罪。基督徒还猛烈抨击角斗士比赛。于是基督教徒遭到大规模迫害，财产充公，活人被投入狮口。你一定读过这些殉教者的故事。当一个人准备好为某个事业而献身，死在他眼中成为一种光荣，那么他及其所代表的事业便不可能被彻底镇压。罗马帝国镇压不了基督教，这场冲突的胜利属于基督教。公元4世纪初，一位罗马皇帝皈依基督教，他就是建立君士坦丁堡的君士坦丁大帝。

基督教越来越枝繁叶茂，对耶稣神性的争论也莫衷一是。你也许记得，我讲过释迦牟尼在生前说过自己并无神性，但却被信徒奉为觉知三世一切诸法的佛陀。耶稣也否认过自己有神性。他一再告诉世人，他是上帝之子，人之子，这一说法并不必然意味着他是神。人类最喜欢将大人物神化，却往往背弃被他们神化的伟人的教诲！六百年后，穆罕默德开创了另一个伟大宗教，也许是吸取以往宗教的教训，他反复说明自己是人，不是神。

基督徒不把全副心思放在理解并力行耶稣教义上，反倒为耶稣的神性以及三位一体聚讼不已。他们互相敌视，迫害异端，历史上不知多少人头为之落地。历史上，曾经为了一个双元音词，有过充满暴力的争执。

一方认为，祈祷中的"子与父一体"应该写作 Homo-ousion，一方则坚持用 Homoi-ousion，因为这一差别事关耶稣的神性。宗教战争为之打响，鲜血流成河。

在教会登上权力顶峰的同时，这些内部纷争也愈演愈烈。直到近代，西方不同基督教派之间仍然纷争不断。

如果我告诉你这个事实：早于英格兰或西欧好多年，印度就迎来了基督教，当时它在罗马还是一个遭歧视和迫害的宗教团体，你一定会很惊讶吧？耶稣殁后约一个世纪，基督教传教士便蹈海来到南印度。印度人甚为礼遇他们，允许基督教传教。当地颇有不少印度人皈依基督教，今天仍然有他们的后代。当时所传的基督教属于某一旧宗派，在欧洲今已不存，只在小亚细亚留有一些据点。

基督教可以说是今日世界地位最煊赫的宗教，因为它是欧洲诸强所信仰的宗教。耶稣教导大家以非暴力反对既有社会秩序，今天那些喧嚣的基督徒，崇尚的却是武力与财富，两相对比，何其讽刺！很多人认为甘地比现在西方所谓的基督徒更接近耶稣教义，也不是完全没有道理。

罗马帝国

罗马一度有"世界霸主"之称,有人认为全世界都落入罗马之手。这一想法无疑是错误的,反映了对地理和历史的无知。罗马帝国大体上是一个地中海帝国,在东面,势力范围从未越过美索不达米亚。历史上,中国和印度的一些朝代,无论是疆域、国力还是文明程度都领先于罗马。不过,从西方世界而言,罗马是独一无二的帝国,因此代表了古代的世界帝国,也留下了浩瀚的遗产。

罗马帝国最重要的便是它背后的观念——统一世界的观念。罗马帝国覆亡之后,这一观念仍然护佑着它,给予它力量。哪怕与罗马完全切断关系,这一观念仍然长存。帝国荣光一现,如梦幻泡影,但观念不死。

我怕自己写不好罗马帝国及其后继。我担心,自己头脑里充斥的是歪曲的事实,来自狱中读到的老旧著作。众多罗马史名著中,有一部作品,若非我身处狱中,有大量时间,定然不会去读。这部书叫做《罗马帝国衰亡史》,它卷帙浩大,我平时杂事缠身,根本没时间通读。英国史学家爱德华·吉本在两百年前(1776年)瑞士的日内瓦湖畔写就此书。《罗马帝国衰亡史》行文华美如诗,引人入胜处堪比小说。我是在勒克瑙地方监狱阅读这部名著的,一个多月时间里,我与吉本偕行,置身于吉本文字所唤回的历史中。未及读完此书，我突然获释，发现再也没有时间和心境回到古罗马和君士坦丁堡，读完最后的一百多页。

　　基督教时代到来前夕，恺撒缔造了罗马帝国。最初，皇帝们还适当听取元老院意见，但不久以后，共和国的最后几缕遗韵就成绝响。皇帝独揽大权，高高在上，近乎神祇，像神一样得到膜拜。皇帝殡天后，就完全被神格化。在当时的作家笔下，早期的大多数罗马皇帝都天赋异禀、德被天下，尤其是奥古斯都。他们称这个时代为黄金时代，奥古斯都时代，是一个风俗淳良、善恶各得其报的时代。作家写出这样的赞扬文章，其实因为他们身处在逢迎吹捧统治者明显能有好处的专制时代。像教科书里经常出现的维吉尔、奥维德、贺拉斯等最著名的拉丁作家，便生活在这一时期。这个时代成为黄金时代，还有一个原因，大概是共和国末期内战经年，人民疲敝不堪，能休养生息，商业贸易和一定意义上的文明能重新繁荣，便是天大的恩赐。

　　不过，这是一种什么样的文明？它是富人的文明，而且罗马帝国的富人完全有别于古希腊贵族的那种威毅敏学，而是一群平庸之辈，以极尽享乐为能事。世界各地的珍馐佳品纷纷送到罗马，供其挥霍，真可谓穷奢极欲。这样的耽逸乐、尚浮华之徒如今仍然没有灭绝。浮华背后，却是下民的生活蹇困。平民被课以重税，奴隶则终日劳作。甚至行医问诊、哲学思考，都留给了希腊奴隶去做！他们称自己为世界的主人，却完全无心于施教育贤，或者了解世界上的一切。

皇帝如跑马灯似地换，每况愈下。慢慢地，军队独揽大权，决定皇帝的存废。皇帝为了取悦军队，便从整个帝国搜刮民脂民膏以行贿赂之事。奴隶买卖是国帑的重要来源之一。罗马军队经常在东方掳掠奴隶。奴隶贩子一路跟着罗马军队，出钱买下奴隶。古希腊人心目中神圣的提洛斯岛，沦为一个贩奴大市场，有时一天能卖掉10000名奴隶。在宏伟的古罗马竞技场，一位皇帝曾将1200名角斗士投入决斗——这些奴隶角斗士自相残杀，只为博皇帝和贵人们一乐。

这便是帝国时代的罗马文明。吉本写道："如果要求某人将人类历史停留在某个最幸福最繁荣的时期，他会毫不犹豫地选择图密善皇帝去世到康茂德皇帝上台之间的这段时光。"——也就是从公元96到180年五位贤帝统治的84年。但在我看来，吉本虽然学养深厚，他的上述论断并不能服众。吉本口中的整个人类，主要指地中海地区，因为他对于印度、中国或古埃及实在知之甚少。

世界大一统的理念

罗马帝国一度被认为是统治世界的大帝国。有史以来，还未出现世界大一统，但由于地理知识的匮乏，交通以及长途旅行的不便，前人总是认为在人类最早的年代，曾有过这样一个大帝国。因此，在罗马未成为帝国前，它就被寄予此厚望。罗马的地位如此尊贵，像小亚细亚的希腊国家帕加马，还有埃及统治者都主动臣服。罗马在众人眼里是所向披靡的。正如我所告诉你的，无论是共和国时期还是帝国时期，罗马的疆域从未超出地中海地区。北方的欧洲蛮族完全不听罗马的。但是无论如何，罗马所持有的世界大一统的理念被当时西方人广泛接受。这是因为罗马帝国统治时间如此长，罗马之名即便在帝国空剩躯壳之后仍威慑四方。

大一统理念并不是罗马特有的。我们能在古代印度和中国找到。中国的大一统王朝往往比罗马帝国更庞大，势力范围最远抵达里海。中国的天子被视为天下之共主。周边或许有犯上作乱的，但那都是蛮夷之人，就像罗马人用蛮族来称呼北方的欧洲人。

印度在早期也有过类似的大一统理念，像转轮王（Chakravarti Rajad）便是。当然，古人的世界观念是相当受限的。印度本土幅员辽阔，看上去就好似整个世界，谁统一了印度也便成为世界之王。番外民族是野蛮的外邦人（mlechchhas）。我们印度人称本国为Bharatvarsha（意为"婆罗多王统治的地区"），该名来自充满神秘感的国王婆罗多（bharat），传说他就是一位转轮王。据史诗《摩诃婆罗多》所记，坚战王与兄弟争夺天下共主之位。盛大的马祭表明一统天下的雄心和象征。阿育王曾以此己任,后来自责万分,停止了征战杀伐。后来,笈多王朝君王也有统一天下之宏愿。

我们可以看到,世界大一统是古代常见的理念。直到后来才出现民族主义、新帝国主义,它们给这个世界带来了一次次浩劫。现在的我们又在谈论世界大同,但这并非是一个大帝国,而是一个世界共和国,以此告别一国欺压别国,一民族骑在别民族之上的过去。世界大同在未来是否会实现,这很难说。但我们身处的世界已步入歧途,看起来没有别的办法拯救它。

英国人经常把大英帝国与罗马帝国相提并论,以满足他们的自豪感。所有的帝国都很相似。它们以剥削别国而自肥。不过,英国人和罗马人还有一个共同点:他们的想象力都匮乏得令人发指。

罗马的覆亡

罗马沦陷是一件惊天动地的大事。它不仅仅是罗马这座城池的陷落,或一个帝国的倾颓。罗马帝国在君士坦丁堡还存续相当长时间,帝国的幽灵在欧洲上空游荡了一千四百年。但罗马沦陷为一个大时代划下句点。它是希腊罗马古代世界的终结。

一个新的西方世界,新的西方文明在罗马的废墟上冉冉升起。我们有时会被词语误导，因为词语没变，我们会倾向于认为它们的指涉一以贯之。罗马覆灭后，西欧仍然说着罗马人的语言，但语言背后却隐藏着不同的观念和涵义。人们常说，今天的欧洲各国是古希腊罗马的后代。在某种意义上，此说法是对的，但仍然带有很大误导性。今天的欧洲诸国所代表的事物，与古希腊罗马大异其趣。古希腊罗马那个古代世界几乎完全崩塌。用一千年时间建立起来的文明灰飞烟灭。半开化、半野蛮的西欧各国缓慢地开创了一种新的文化和文明。它们从罗马那里学到良多，从古代世界借鉴甚众。不过，整个学习过程堪称艰苦。最初的数百年时间，文明和文化似乎在欧洲已然沉睡，世道浇漓，人心蒙昧。这段时期因此被称为黑暗时代。

世界为什么会向后退？为什么历经数百年血汗积累起来的知识竟然会一夕消失，或被遗忘？这实在是个太大的问题，连最睿智者都为之语塞。我对此先不作回答。文明古国印度为什么会落到如此境地，会长时间被奴役？中国有着辉煌的历史，为什么战乱不休？也许，人类一点一滴汇聚起来的各个时代的知识与智慧本身并未消失，只是我们不时闭上双眼，看不到它们而已。我们自己把窗户紧闭，故而四周一片黑暗。但在窗外确实无限春光，如果能睁大双眼或打开窗户，阳光便会尽泄而入。

有人说，欧洲的黑暗时代系基督教的恶果，该基督教并不是耶稣所传之教，而是得到君士坦丁大帝扶植、一统西方的官方基督教。在他们看来，君士坦丁大帝在公元 4 世纪定基督教为国教，这一作为开启了"一个千年"，"理性遭禁锢，思想被奴役，知识毫无进展"。它不仅带来宗教迫害、人心褊狭，而且还阻碍人在科学等方面的发展。没人胆敢挑战当时的观念与习俗，因为圣经上就是这么写的。世界急速变化，人们却不被允许一改观念与习俗以适应变化了的环境。给欧洲带来黑暗时代的罪名就这样加在了基督教头上。

另外一种看法是，正是基督教及其教士在黑暗时代保住了学术之微光。他们让艺术品免于失传，精心保存并抄写古代珍贵文本。

这两种观点互不相让。也许双方都有道理。不过，说因为有基督教，才导致罗马覆灭后出现一系列罪恶，这是无稽之谈。应该反过来说，正是因为这许多罪恶，罗马才轰然倒塌的。

拜占庭文明兴起

欧洲陷入黑暗中。黑暗时代到来后，生命变得粗鄙残忍，教育荡然不存，打仗成为唯一的行当或娱乐。苏格拉底和柏拉图的黄金岁月恍如隔世。

这是西方的情况。让我们来看一看偏安一隅的东罗马帝国。君士坦丁大帝定基督教为国教。但是他的继任者之一尤里安（君士坦丁大帝的侄子，生于331年，361年登上皇位，363年东征波斯而亡），不愿意独尊基督教，宣布各宗教享有同等地位。但尤里安并未能推动异教复兴，原因在于基督教势力在当时已经坐大。尤里安被基督徒讥讽作"背教者"，此称呼在后世中就这么叫开了。

之后即位的皇帝狄奥多西一世和尤里安不同。狄奥多西一世也被称为狄奥多西大帝，原因可能在于他下令捣毁异教庙宇和神像。他不但打击异教徒，对于他眼中的非正统基督教徒也毫不留情。他在宗教上完全无法容忍异己。公元392年，罗马被哥特人攻陷前夕，狄奥多西一世曾短暂统一东西罗马帝国。

基督教继续扩张。它的斗争对象如今已不是异教徒。所有的斗争都成了宗派之争，他们心胸之褊狭令人不可索解。从北非、西亚，到整个欧洲，到处都是是非地，人们希望通过刀剑棍棒或略温和的迫害手段来逼对方皈依"真正"的信仰。

527—565年，查士丁尼就任东罗马皇帝，他将哥特人驱出意大利，意大利和西西里一度成为东罗马一部分。但不久，哥特人卷土重来，又占领了意大利。

查士丁尼敕建了君士坦丁堡的圣索非亚大教堂，这座大教堂如今仍然是最宏伟的拜占庭大教堂之一。查士丁尼组织法学家整理现存法律，系统编纂罗马帝

查士丁尼及其侍臣
马赛克镶嵌画
创作时间：547 年
意大利圣威塔尔教堂

国的法律。早在我了解东罗马及其皇帝之前，我就在《查士丁尼法学总论》这部指定阅读的法律书上知道查士丁尼这个名字。查士丁尼还在君士坦丁堡建了一所大学，而由柏拉图所创、延续了千年的雅典学园被他下令关闭，黑暗时代由此开启。当时的学术主要是指来源于古希腊的古典学术。但古希腊文本讲的都是诸神和哲学，在虔诚而不容异己的早期基督徒看来，是极为渎神的学术，必除之而后快，艺术也遭到同样下场。

不过，基督教还是做了不少保存学术和艺术的事情的。修道院在当时发展得很快。古老的学问经常在这里找到栖身之所。修道士们守护着古典文化的微光，但这点微光只限于孤绝之地，院墙外的俗世则是一片黑暗。

在基督教的早期阶段，还有一股怪异的潮流。许多基督徒受宗教狂热所驱使，退居于沙漠和荒野，远离人群，过着一种极为质野的生活。他们折磨自己，从不沐浴，力求忍受最大程度的痛苦。特别是在埃及，有许多隐修者生活在沙漠里。曾经有一名隐修者坐在一个柱子顶上长达数年之久！这样的隐修者逐渐消失，但虔诚的基督徒很长时间都坚信一点：享受是一种罪。此种受苦观构成了基督教精神的一道底色。

在印度，我们即便在今天有时候仍然能看见一些修行者，他们的修行方法酷似早年间在埃及隐修的基督徒。他们会用尽办法任一条胳膊萎缩，或者坐在钉子上,行种种荒诞不经之事。在我看来,有人无非是想震慑庸众,以从中牟利;还有人则是因为觉得这样做很圣洁,于是想尽办法让身体经受摧残。

我想起了释迦牟尼的一则故事。弟子二十亿耳比丘苦修,佛问他:

"汝在俗时,善弹琴不?"答言:"如是"。佛复问:"汝弹琴时,若急其弦,得微妙和雅音不?"答言:"不也。"佛复问:"若缓其弦,宁发微妙和雅音不?"答言:"不也。"佛告二十亿耳:"精进太急,增其掉悔。精进太缓,令人懈怠。是故汝当平等修习摄受。"

伊斯兰教到来

阿拉伯是一片沙漠之地。沙漠和群山养育了一个坚韧的民族,他们热爱自由,从不轻易屈服。这片土地并不富饶,所以征服者对它兴趣不大。靠海的麦加和叶斯里卜是当地仅有的两座小城。

大多数阿拉伯人在沙漠中游牧,他们叫做贝都因人(意为"荒原上的游牧民"),以骆驼和骏马为伴。驴子因为特别吃苦耐劳、性情温驯,也很常见。故而在阿拉伯地区,和其他地方不一样,被比作驴子是一种赞美而非讥讽。在沙漠讨生活是非常艰难的,吃苦耐劳这样的美德就比其他地方更宝贵。

沙漠之民自豪又敏感,性喜争斗。他们以氏族为基本部落,与其他氏族起纷争是家常便饭。他们一年一度放下争执,前往麦加,向保存在那里的诸神像朝圣。他们顶礼膜拜的是一块巨大的黑石,安放在叫做克尔白的天房中。

这是一种宗族制的游牧生活,就像中亚等地的初民部落,他们尚未定居下来,发展城市文明。周边兴起的大帝国经常将阿拉伯纳入疆域中,但这只是名义上的。征服统治沙漠里的游牧部落决非易事。

公元3世纪左右,叙利亚的古城帕尔米拉兴起了一个很小的阿拉伯国家,曾经有过短暂辉煌。但严格说来,该城位于阿拉伯地区的周边。贝都因人在沙漠里游牧,一代又一代,阿拉伯商船出海贸易,阿拉伯多少年来几乎变化甚微。有些阿拉伯人成为基督徒,成为犹太教徒,但绝大多数依然虔信着麦加城里的360尊神祇和黑石。

谁也没想到,长期悄无声息如沉睡一般的阿拉伯民族,会突然惊醒,动力横绝天下,让全世界闻风丧胆。阿拉伯人何以急速扩张到亚洲、非洲和欧洲,并发展出极高超的文明,这实在是最大的历史公案之一。伊斯兰教是唤醒阿拉伯人,给予他们自信和力量的法宝。伊斯兰教由公元570年生于麦加的先知穆罕默德所创立。穆罕默德并不必急于传教。他过着平静的生活,受到身边人的爱戴与信任。他的族人称他为阿敏(Al-Amin),意思是忠实可信赖的人。但是,当他开始传播新宗教,特别是公开反对麦加的神像时,引起了公愤,最后被驱逐出麦加,几遭迫害致死。穆罕默德强调一神信仰,他则是真主安拉的使者。

被赶出麦加的穆罕默德,与友人及追随者("迁士")来到叶斯里卜避难。公元622年,穆哈穆德逃离麦加一事,在阿拉伯语中叫做希吉莱(Hijran,意为"迁移"),回历就是从这一年开始的。回历属于太阴历,也即以月球的运行为周期。因此每个回历年比公历年少五到六天。回历中的月份并不固定在一个季节。同一个月,这年可能在寒冬,过几年后可能会在夏日。

伊斯兰教可以说始自622年的希吉莱,不过从另一种意义上说,它开始的时间还要略早。

叶斯里卜热烈欢迎穆罕默德到来,为了向他致敬,改名为Madinat un—Nabi(先知之城),简称为Medina(即我们现在所熟知的麦地那)。给穆罕默德提供帮助的麦地那人被称为"辅士"。辅士的后代对于这个名号十分看重,一直沿用到今天。

逃离麦加七年之后,穆罕默德以麦加主人的身份重回此地。在这之前,他从麦地那派出使者,携带国书,遍访世界列强的统治者,劝他们认识真主及其使者,接受安拉的意旨,归信伊斯兰教。东罗马帝国皇帝收到此封国书时,正在叙利亚与波斯军队对垒;波斯国王也收到国书；据说国书还送到了远在中国的唐太宗手中。这些帝王贵胄一定非常奇怪，这个无名之辈竟然胆敢如此命令他们。从穆罕默德此举，我们也能感受到穆罕默德对身为先知的自己及使命的无上信心。他将此信心、信仰灌输给他的人民，激励其士气，安放其心灵，使这群原本默默无闻的沙漠之民几乎征服了半个世界。

阿拉伯人的信心与信仰力量无限。伊斯兰教还提出一种教友观，即普天之下的穆斯林皆兄弟。以此带来一定程度上的民主。与当时腐败的基督教相比，不仅对于阿拉伯人，对于接触到阿拉伯人的别国人民而言，穆斯林皆兄弟的理念也具有很大的吸引力。

阿拉伯帝国建立后，财富急速积累，奢华的宴饮玩乐和艺术也接踵而至。阿拉伯人极为喜爱的娱乐有赛马，还有马球、打猎和奕棋。他们对音乐，尤其对歌曲极为狂热。都城里满是歌伎及其爱慕者。

然而另一种不幸的变化也在潜滋暗长。这就是女性的地位。阿拉伯妇女原先不受深闺制度约束，她们可以在公共场合活动，可以去清真寺，可以听讲，甚至开坛授课。但是，阿拉伯帝国崛起后，阿拉伯人效仿两大古老邻国：东罗马帝国和波斯帝国。阿拉伯人打得东罗马帝国落花流水，并终结了波斯帝国，但是他们把战败国的陋习也一并学过来了。通常认为，正是在东罗马和波斯的影响下，阿拉伯才开始对妇女进行幽闭。深闺制度自此形成，越来越注重男女之大防，甚至成为伊斯兰教的一大特征。

当穆斯林来到印度时，也把深闺制度带到了印度。我始终不解的是，为何一些人直至今日仍然能忍受这一野蛮制度。我每一念及深闺中的女性被隔离于外部世界，就不禁想到监狱或动物园。如果占总人口半数的女性被禁闭在牢狱般的深闺，这个国家还谈什么进步呢！

让人乐见的是，印度正迅速抛弃深闺制度。连穆斯林社会都纷纷与深闺制度相揖别。在土耳其，凯末尔彻底废除了它。在埃及，该制度也正迅速过时。

还有一件事情值得一提，阿拉伯人，尤其在他们刚苏醒时，是非常虔诚的一个民族。但与此同时，阿拉伯人却能容下异端，这方面的例子不胜枚举。哈里发奥马尔[2]攻入三教圣地耶路撒冷后，就明确这样做了。穆斯林统治西班牙时，人口众多的基督徒得到了非常充分的信仰自由。在印度，阿拉伯人只占领过信德地区（今属巴基斯坦），但各宗教之间频繁交流，和平相处。事实上，这个历史时期最突出的现象，便是穆斯林阿拉伯人的宗教宽容，与欧洲基督徒的不容异端之间的强烈对比。

---

2 奥马尔（'Umar, 584—644），伊斯兰教史上的第二任正统哈里发。在追随穆罕默德传教过程中，不时为传教给予经济上的资助，并将其女儿哈芙萨嫁穆罕默德为妻。与艾布·伯克尔、奥斯曼和阿里并称为穆罕默德的四大贤配。

封建制度

如今，当英国人、法国人、德国人一想到自己的国家，他们想到的是 motherland，即祖国母亲。在当今世界，国家观念是一种非常突出现象。但现代之前，并无国家观念，有的只是基督教世界观念，人们属于某个基督社群，以与穆斯林形成对比。同样，穆斯林也有穆斯林世界的观念，从而与所有非穆斯林区别开来。

不过，基督教或穆斯林世界观念是相当虚幻的，并未触及人民的日常生活，只有在煽动教徒的宗教热情，为基督教或伊斯兰教而战时，它才浮出水面。当时的人与人之间有一种特别的关系，这就是源自封建制度的封建关系。罗马帝国覆亡之后，西方的旧秩序不复存在。无政府状态下，战乱频仍，暴力四起，生灵涂炭。这里盛行丛林法则，强者方能生存。城堡林立，强盗带队出去烧杀抢掠，或相互厮杀。穷苦农民和做工者是最大的受害者。正是在乱世中，封建制度发展起来了。

农民并无组织，无法抵御掳掠的强人，也没有强大的中央政府保护他们。于是只好两害相权取其轻，与掳掠他们的强盗谈条件。农民答应田里的收成给强盗抽走一部分，或者为后者服役若干天，条件是不再受到侵扰，并且得到保护。小领主与大领主之间的关系也依样画葫芦。不过小领主不事稼穑，不能给大领主奉献收成，所以提供的是军事服务，也就是说时刻为大领主而战。大领主给小领主提供保护，于是小领主便成为臣属。一层一层往上组织，最后，国王便是整个封建体系中的顶端。在中世纪的人看来，连天堂都是由类似的封建体系构成的，最后是三位一体的上帝坐镇。

这便是源自乱世并最终盛行于欧洲的封建制度。你一定记得，当时并无真正意义上的中央政府，也没有维持治安的差役。某片土地的所有者同时是这里的行政长官，是生活在这片土地上的老百姓的领主。从某种意义上来说，他就是这里的王，有义务保护他的子民，以换取子民的服务和土地上的部分物产。从理论上而言，他是从自己的领主那里得到这片土地的，他是后者的臣属，应提供军事服务。

甚至教会的神职人员也成为封建体系的一部分。他们既是教士，又是封建领主。在德意志，近半数土地和财富掌握在主教和修道院院长手中。教皇自己更是超级封建领主。

你会看到，整个封建体系是层层累就的，毫无平等可言。所有领主，无论大小，皆不事稼穑，视劳作为下贱，而以打仗为天职。闲暇时，他们四处游猎，或者练武比武。他们粗陋不堪，目不识丁，除了打仗吃喝，而不知有他物。处于最底层的农奴要扛起整个社会结构之重负，大小领主直到国王，全由他们供养。从大主教、修道院院长、红衣主教到普通神职人员，教会的所有吃穿用度也压在农奴肩上。处于封建体系顶端的国王，原则上应是上帝的臣属。

这便是封建体系背后的观念。在理论上，领主有责任去保护臣属和农奴，实际上却是生杀予夺。上一级领主和国王对这种行为几乎视若罔闻。农民则太过弱小，无法违抗半分，被最大限度地榨取血汗，过着衣食无着的生活。此种现象在欧洲中世纪遍地开花。土地所有权带来贵族身份。攫取土地、修建城堡的强盗成为万人敬仰的贵族。土地所有权也带来权力，领主运用此权力最大限度地榨取农民、做工者的劳动。甚至法律也帮土地所有者的忙，因为他们及其朋党就是法律的制定者。这就是为什么很多人认为，土地不应该私有，而应该属于集体。如果土地国有或集体所有，就意味着它属于所有生活在该地的人，没人能以此剥削他人，或者居于不义的优势地位。

但这些观念当时还未产生。中世纪的人们不会这么思考问题。劳苦大众过着艰辛的日子，看不到什么出路。他们只是一味忍受，一味扛起绝望生活的重担。一旦"服从"二字深深地铭刻进身体里，人民便能忍受任何苦难。于是我们看到，中世纪的社会里，封建领主和劳苦大众的世界有如冰火两重天，在磐石建成的城堡四周散布着农奴的小泥屋、小木屋。

教士有时会保护农奴免于领主的过分盘剥，但一般而言，教士阶层是与领主为伍的，而且大主教和修道院院长本身就属于封建领主阶层。

在印度,并没有这样的封建制度,但我们有类似于它的制度。种姓制度,虽然表面上看与封建制度判然有别,但它也将社会划分为固若金汤的阶层。在中国,就没有这样的特权阶层。科举考试为每个中国人敞开了通向仕途的大门。当然,在具体实施中,还是存在诸多限制。

在封建制度下,平等观念或自由观念便无从谈起。只有权利观和义务观,也即封建领主将获得岁贡与徭役视为一种权利,为臣属提供保护则是他的义务。但是,权利永远被牢记,义务经常遭遗忘。如此热爱自由的欧洲蛮族,却逐渐投身于完全弃绝自由的封建制度,这实在是怪事一桩。蛮族部落以前是选举出酋长,并对之有一定约束。现在却是专制与暴政横行,不再有选举之事。我说不上来为什么会发生这种变化。也许教会在普及教义时,也助长了非民主观念。国王成为上帝在人间的影子,你如何能忤逆全知全能者的代理人?封建制度看上去是将天堂与凡间打包在了一起。

随着时间的推移,欧洲又重新出现某种程度的自由。除了领主和农奴之外,中世纪还有另外的阶层,如手工业者和商人。这两个阶层并不属于封建制度。在战乱时期,商业萎缩,手工业也不发达。但随着商业贸易逐渐恢复,能工巧匠和商人的重要性日增。他们日益富有,封建领主经常来借钱。成为债主的他们要求得到某些特许权,以增加自身的实力。于是我们发现,与农舍星罗棋布在领主城堡附近不同,以教堂或者商会的会馆为中心发展出了大大小小的城镇。商会是由商人和手工业者组成的,商会的会馆后来也成为市镇大厅。

一千年前的亚洲和欧洲

我们完成了对公元 1000 年前的世界(亚洲、欧洲和部分非洲)的大略介绍。让我们再次回眸。

亚洲。印度和中国的古老文明依然长盛不衰。印度文化传播到马来西亚和柬埔寨,在当地结出了丰硕的果实。中华文明则东渡日韩,甚至远至马来西亚。在西亚,阿拉伯文化盛行于阿拉伯半岛、巴勒斯坦、叙利亚和美索不达米亚地区。在波斯(伊朗),古老的伊朗文明吸收了新生的阿拉伯文明。中亚的不少国家也浸淫在这一半伊朗半阿拉伯的文明之中,同时还深受印度和中国的影响。在所有上述国家中,文明都达到了相当的高度。商业、学术和艺术十分繁荣,大城市林立,著名的大学吸引求学者远道而来。只有在蒙古,以及中亚部分地区和北方的西伯利亚,文明程度才比较低下。

欧洲。与先进的亚洲诸国相比,此时的欧洲是落后的半开化地区。古老的希腊罗马文明只是遥远的绝响。人们不知艺术为何物。商业也远不如亚洲那般繁荣。当时的欧洲只有两个可圈可点之地：一是阿拉伯人统治下的西班牙，在阿拉伯人全盛时期，它承载了不少商业功能；一是君士坦丁堡，虽然它已然在走下坡路，但仍然不失为一座人口密集的城市，坐落于亚欧两大洲的交汇处。欧洲大部分地区，封建制度导致社会混乱无序，因为领主在自己领土上就是王，可以为所欲为。昔日的帝国都城罗马，曾经有一段时间，比村寨大不了多少，野兽出没于圆形竞技场。但罗马在慢慢恢复元气。

如果你将公元1000年左右的亚洲和欧洲两相比较，亚洲的优势是非常明显的。

让我们再审视现象背后的真相。亚洲的前途并不像被表象迷惑的人所认为的那样乐观。古代文明的两大摇篮：印度和中国，面临困局。它们的困局并非来自外敌入侵之威胁，而是内在生命力的消减。西亚阿拉伯人的全盛时代已经告终。虽然塞尔柱帝国崛起，但那仅仅是由于塞尔柱突厥人的旷世武力。塞尔柱帝国和印度、中国、波斯和阿拉伯不一样，代表的并非亚洲的文化，而是亚洲的武力。有文化的古老民族变得委顿，他们信心不再，处于防御地位。新兴民族未失野性，是战斗的民族，在亚洲到处攻城略地，古老民族沦为阶下囚，他们甚至威胁到欧洲。但是这些人并未带来新的文明浪潮，也未曾给文化带来动力。古老的民族缓慢地同化了这些征服者。

于是,我们很清楚地看到亚洲面临的一个巨大变化。古老文明岁月静好,高雅艺术继续繁荣,生活日益别致,但文明的动力却熄火了,生命力在枯萎。它们国运绵长,做着无人打扰的千秋梦,直到蒙古人铁蹄扫荡阿拉伯半岛和中亚。中国和印度处于缓慢衰退中,古老文明就像一幅画,远观时极美,但缺乏生命活力,走近一点看,画布上已经有白蚁在侵蚀。

文明,就像帝国一样,其衰落往往并不是因为外敌炽然,而是因为内部的疲敝与衰落。罗马的倾覆并不是因为蛮族入侵,蛮族推倒的是只剩躯壳的罗马。当手足被削去时,罗马的心脏早已停止跳动。我们能在印度、中国和阿拉伯那里看到类似的进程。阿拉伯文明,可谓其兴也勃焉,其亡也忽焉。在中国和印度,这一进程相当缓慢,并不容易一眼看出。

971年,阿富汗统治者伽色尼的马哈茂德(Mahmud of Ghazni)以穆斯林的名义宣布对印度发动圣战,其实在这之前,印度就已经陷入停滞中。我们能从时人的心灵状态那里看到这种变化。当时的印度人已经不再开创新观念和新事物,只是忙于承流接响,重复与模仿前人。中间不乏隽才,但他们一天到晚只是诠解古人的著述论说。他们仍然创作出卓绝的雕塑等艺术品,但过于注重细节与装饰,甚至经常太过奇险,几无自出心裁之处。上层社会中流行着过于润饰的仪容,典雅的艺术,和浮华的生活,但对于减轻平民百姓的苦难，提高生产力，却做得太少。

这些都是文明步入黄昏时的征兆。当出现上述现象，你可以说该文明的生命在衰竭。因为生命的表征是创造力，而非重复与模仿。

上述现象在中国和印度都很明显地发生了。但请别误会。我并不是说，中国或印度因此而消失了，或者沦为蛮夷之地。我的意思是说，中国和印度早先那种创造精神已经耗尽了，而且不再有源头活水的注入，不再调整自己以适应周遭变化，它只是惯性使然地向前走。每个国家、每个文明都会有这一天的到来。历史上，大开大阖的创造有时，创造力耗尽而枯槁亦有时。中国和印度的特殊之处在于，二者的衰退期来得那样迟，而且即便衰退开始，好像也永远未能终结。

伊斯兰教为印度带来进步动力。某种程度上，它仿佛一剂滋补的汤药，让印度为之一振。但伊斯兰教本可以为印度做得更多，它之所以壮志未酬，原因有二。一是伊斯兰教进入的方式不对，一是它的到来已经有点迟了。早在伽色尼的马哈茂德攻打印度的数个世纪前，穆斯林传教士就在印度传教，并得到当地人民的欢迎。他们以和平方式传教，也取得了一定成就。伊斯兰教在当时几乎没有遇到敌意。伽色尼的马哈茂德进入印度采取的是明火执仗式的征服，伊斯兰教在印度辛苦积累起来的名声毁于一旦。马哈茂德当然像历史上的其他征服者一样，关心的只是赤裸裸的烧杀抢掠，根本不在乎宗教。很长时期以来，这次征战将伊斯兰教污名化，印度人很难再用以前那样平静客观的心情去看伊斯兰教。

为什么说它姗姗来迟？伊斯兰教兴起四百年后，才真正来到印度，当时的它已经差不多耗尽了自身的生命力。如果阿拉伯人在早年间能带着伊斯兰教进入印度，蒸蒸日上的阿拉伯文化与古老的印度文化结合，二者氤氲摩荡，两个文明高度发达的民族产生互动，一定会结出丰硕的果实。阿拉伯人素以在宗教上的宽容和理性而著称。在巴格达，哈里发曾经有段时间支持过一个论辩社，那里各种宗教信徒甚至非宗教信徒济济一堂，可以理性讨论各种问题。

但是阿拉伯人并没有来到印度，他们在信德地区停住了脚步，印度本土几乎没有受到任何影响。伊斯兰教是通过突厥等民族进入印度的，这帮人都是赳赳武夫，没有阿拉伯人的那种宽容与文化程度。

另外，还有一股新力量进入印度，带来进步与创造力。我们会在下文谈及它是如何给印度注入新生命，并开展自身的。

印度文明衰弱后的另一个明显后果，是它给自己包上了厚厚一层壳，来对抗外来侵略，这层壳也把它自己囚禁了起来。这也同样是虚弱和恐惧的表现。此药方只能加重病情，因为真正的威胁并不是外部侵略，而是内部停滞。闭关锁国之后，停滞加剧，所有发展通道都被堵上了。我们会看到,中国在后来也走上了同一条道路,日本也是如此。活在像壳一样包裹起来的社会里,其实有点危险。我们会僵化在其中,不适应新鲜空气与新鲜观念。社会,就像个体一样,新鲜空气是须臾不可缺的。

以上是亚洲的情况。至于欧洲,当时既落后又混乱。但是在这粗鄙失序的背后,却至少能感受到生命力。亚洲在引领世界多年后,正在走下坡路,欧洲如一轮初生之日,不过要在各方面赶上亚洲,它还有很长的路要走。

今天,你可以在亚洲看到新的生命力,一种新的创造精神。亚洲无疑又站起来了,而欧洲,特别是西欧,虽然仍然令人仰视,却已有迟暮之气。

欧洲城市的兴起

十字军东征的时代是欧洲伟大的信仰时代,人们沉浸在信仰和希望中,以纾解自己日常生活的悲苦。那个时代没有科学,学术也命若游丝,因为科学与学术在根本上与宗教信仰不相容。学术与知识教人思考,而质疑声在宗教中是没有立足之地的。科学方法是探索与实验,和信仰分途而行。我们会看到,信仰在后来开始弱化,质疑声越来越大。

不过暂时我们看到的是，信仰处于全盛时期，罗马教会处于信仰最顶端，时时以信仰之名，行自肥之私。成千上万忠心耿耿的基督徒被送往耶路撒冷的十字军，再也没有回来。教皇还宣布，十字军的敌人还包括欧洲境内未对他言听计从的基督徒或基督教团体。

教皇与教会还利用教徒的宗教信仰，分发甚至售卖豁免券和赎罪券。豁免券是指违反了教会的教规戒律后可得到豁免，导致教会制定的教规戒律，在某些人面前形同虚设，天长日久，老百姓也不再敬畏它们了。赎罪券则更加恶劣。根据教会的说法，人死后，灵魂进入炼狱。炼狱位于天堂和地狱之间，灵魂要为生前在人间所犯的罪行受折磨。买到赎罪券的教徒，灵魂可以不经炼狱，直接进天堂。就这样，教会利用信仰，从罪行中牟利生财，可谓算盘一响，黄金万两。买卖赎罪券是在十字军之后出现的。它成为罗马教会的一大污点，罗马教会形象由此在很多基督徒心目中一落千丈。

宗教信仰究竟能让人的忍受力到何种极限？也许正因为此，宗教在很多国家都成为最庞大也最赚钱的产业。看看寺庙里的僧侣吧，他们薅羊毛一般从信众身上牟利。你若去恒河两岸的村子，会看到村民们不把钱付足，祭司决不主持仪式。家里大大小小的事，生、死、婚姻，都需要祭司介入，所费不赀。

印度教、基督教、伊斯兰教和拜火教，所有宗教无不是如此。每个宗教都有向信众"敛钱"的特有方式。印度教的方式正如上文所讲。伊斯兰教原先并不设教士，这种做法曾经有助于信徒免遭盘剥。但后来兴起了毛拉阶层，即有学识者，他们享有宗教权威，也以此坐享其利。凭着一部大胡子，或冠冕上的一绺头发，或前额的一个标记，或苦行僧的服饰，以及乞士的黄袍，便如同有了通往神圣的通行证，可四方渔利。

如果去美国这个西方最发达国家，你也会发现宗教依然是一个从信众那里获利颇丰的大产业。

我离题太远了，马上回到中世纪的信仰时代。我们发现，这一信仰凝成极富创造性的可见实形。11—12世纪是伟大的建筑时期，许多大教堂在西欧各处拔地而起。当时出现了一种前所未见的建筑形式。它采用新的框架结构，以教堂外部的飞浮壁支撑着厚重的屋顶，走进建筑内部，你会惊讶于优美修长的束柱支撑着如此雄伟的建筑。它的尖拱借用自阿拉伯建筑。教堂顶上有锋利的、直刺苍穹的小尖顶，整个教堂处处充满向上的冲力。这便是发源于欧洲的哥特式建筑，壮美得令人晕眩，似乎代表了一飞冲天、翱翔于天际的信仰。哥特式建筑是信仰时代的象征。这样的建筑只能出自无比热爱自己的工作的虔诚建筑师和工匠的齐心协作。

哥特式建筑在西欧的兴起是一件奇事，无知褊狭的混乱状态中，诞出如此雄美之物，几乎就像是径向天国在祈祷。哥特式大教堂在法国、意大利北部、德国和英格兰近乎同时出现。没有人知道它们从何而来,也没有人知道建筑师的姓名。它们似乎更是代表了一种心连心的集体劳动,而非个别建筑师的作品。另外一件新事物是大教堂的彩色玻璃窗,窗上有精美图案,阳光从彩色玻璃窗上照进来,把教堂内部渲染得五彩缤纷,更增添了整座教堂的肃穆雄浑。

可以将欧洲与亚洲做一个比较。

我们看到,亚洲在当时的文明程度远超欧洲。但是同时代的印度看不到这样极具创造力的作品,而我说过,创造是生命力的体现。哥特式建筑出自半开化的欧洲,告诉我们,欧洲中世纪有着惊人的生命力,它克服文明的落后状态,喷薄而出,找到了表达自己的诸种方式。哥特式建筑便是诸种方式中的一种。以后,我们会在欧洲的绘画、建筑和雕刻以及对冒险的热爱中看到这一生命力。

11—12 世纪欧洲也建起了不少非哥特式的教堂,如威尼斯的圣马可大教堂。圣马可大教堂属于拜占庭风格,从墙壁到穹顶都砌满了马赛克镶嵌画。

信仰年代衰落,教堂建筑也随之衰落。人的心智转向其他领域,投入世俗生活中的商业和实业。市政厅纷纷建成,我们看到从 15 世纪初开始,雄壮的哥特式市政厅或商会会馆遍布于北欧和西欧各地。

11—12 世纪的哥特式教堂坐落于大小城镇。古老

世界上最大的哥特式建筑
米兰大教堂
修建年份：1386 年

的城市在苏醒,新的城镇也如雨后春笋。欧洲到处都充满着变化,城镇生活越发朝气蓬勃。遥想罗马帝国当年,地中海沿岸的大城市林立,但随着古希腊罗马文明的倾覆,这些城市也衰败不堪。整个欧洲,除了被阿拉伯人统治的西班牙之外,君士坦丁堡是唯一的大城市。在当时的亚洲,印度、中国和阿拉伯世界的大城市都非常繁荣,相比之下,欧洲如同荒芜之地。城市和文化是相偕行的,在罗马灭亡之后的很长一段时间内,欧洲全境既无城市也无文化可言。

不过,城市生活在欧洲复兴。特别是意大利,城市日新月异。意大利人是神圣罗马帝国皇帝的眼中钉肉中刺,他们向来不能忍受对自由的钳制。意大利等地的城市代表了商人阶级(即布尔乔亚,或称中产阶级)的兴起。

欧洲新兴城市与旧式的帝国城市有很大区别,其兴起并非拜某位皇帝或国王所赐,而是源自它们所掌控的商业贸易。新兴城市的话语权不在贵族,而在商人阶级。这些城市都是商业城市。因此,它们的兴起意味着布尔乔亚的兴起。我们会在下文看到,布尔乔亚逐渐壮大,最终将国王贵族挑下马,将统治权从他们手里攫取了过来,不过这是后话了。

我刚刚说过,城市和文化相偕行。城市的兴起,也带来了学术与自由精神的大发展。在乡村地区,人们分散而居,迷信盛行。受物质条件的限制,人们日夜劳作,很难有闲暇,也不敢违背领主半分。而在城市里,市民聚集在一起,便有机会过一种更加有文化的生活,可以切磋学问,思考各种问题。

就这样,自由精神逆风而上,对抗着封建贵族代表的政治权威,和教会代表的精神权威。信仰时代走向终结,怀疑时代开启。

信仰自由的斗争

14世纪以降的欧洲,先是争取信仰自由,然后是争取政治自由,二者其实一物两体,是同一斗争的两个面相。也就是对威权和专制势力的反抗。神圣罗马帝国和教皇制度,都代表了绝对威权,不遗余力地碾压个体的自由精神。神圣罗马帝国的皇帝是君权神授,教皇就更不用说了,无人有权质疑他们,或抗旨不遵。做顺民是一大美德。私下里持异议,也被视为一种罪过。因此,盲从和自由之间泾渭分明。一场持续几个世纪的斗争由此拉开序幕,原先为信仰自由而战,接下来是为政治自由而战。经过各种跌宕起伏的斗争,欧洲取得了一定范围的成功。但是当庆祝自由之时,人们发现如果没有经济自由,如果仍然无法消除贫困,那么真正的自由是不可能实现的。对于正在挨饿之人,说他们是自由的,无异于一种嘲讽。今天的全世界,正在为实现人类的经济自由而奋斗。

在印度,向来没有争取信仰自由的斗争,因为从一开始,老百姓就未被剥夺宗教信仰自由。老百姓可以皈依他所信服的宗教,并无强制一说。让人皈依的手段是言谈说教,而非棍棒伺候。当然,有时不免会有强制或暴力手段,但信仰自由是根深蒂固于古代雅利安观念的。

不过这不尽然是好事,虽然听起来不免有些吊诡。由于宗教信仰自由可轻易得到,人们便对它不敏感,于是日复一复陷溺在各种仪轨和迷信中,任凭宗教退化而不自知。另一种宗教意识形态生成了,它同样将人禁锢在宗教权威之下,此宗教权威非教皇或任何个人,而是经书和习俗。所以,我们印度人经常以拥有信仰自由者的自豪姿态顾盼左右,但实际上,印度人离信仰自由很远,我们被经书和习俗中的观念牵着鼻子走。威权和专制势力同样凌驾我们之上,掌控着我们的心灵。锁住身体的枷锁已极为可怕,锁住心灵的无形枷锁由各种偏见铸成,贻害更深。我们造就了此枷锁,却困于其中而不自知。

穆斯林以侵略者的身份进入印度,带来了强迫信教的做法。征服者与被征服者之间的斗争是一场政治战,但也染上了些许宗教色彩,有时有宗教迫害之虞。就这样,宗教宽容和信仰自由在古代印度生活中原是司空见惯的,如今却离我们而去,欧洲人在历经大大小小斗争之后,建立起了这些宗教原则,他们不但赶上了我们,而且把我们远远抛在后面。今天的印度,时常会出现印度教徒和穆斯林相互为敌甚至厮杀,虽然这并非普遍现象,但以宗教之名,兄弟阋于墙,实在是有失脸面的一件事。我们必须终结此种现象。不过重中之重,乃是将披着宗教外衣、禁锢我们心灵、杂糅了各种习俗与迷信的宗教意识形态涤除一净。

和宗教宽容方面类似,印度在宗教自由领域也好比起了个大早,却赶了个晚集。在印度,并没有欧洲国王那样的君权神授之说,因为我们整个政治是建立在村庄自治之上的,老百姓对于皇帝是谁一点也不关心。如果他们拥有地方上的自由,高高在上的皇帝不就无关紧要了吗?但是,这一观点不但危险,而且愚蠢。最高位者会慢慢伸出权力之触手,蚕食掉村庄的自由。大限一到,我们便身处绝对君权下,世间再无村庄自治,从上到下完全没有自由的藏身地。

启蒙时代到来

宗教是贯穿整个中世纪的主线。甚至在中世纪之后,宗教依然威力不减。无论是政治问题还是经济问题,都会从宗教的角度去思量。宗教以教皇及最高神职人员为中心,整个中世纪社会的结构很像印度的种姓制。种姓观念最初是根据职业将人分三六九等,中世纪社会也是如此。在同一阶级内部,就像印度的某一种姓内部,人与人是平等的。而不同阶级之间,则充斥着不平等。这一不平等嵌于整个社会结构的地基之上,没有人可以挑战它。在这一社会制度中受苦受难者,被教导要"静待天国中的回报"。宗教以这种方式维系着不公的社会秩序,试图以彼岸世界来转移人民的注意力。它还宣扬一种"托管"说,也就是说,富人是穷人的托管人,领主为佃农托管土地。这无非是教会为了粉饰太平而想出来的,对于富人毫发无损,却能给穷人带来一丝安慰。但是好听的话却难以填饱肚子。

天主教和新教之间激烈的宗教战争,天主教徒和加尔文教徒双方的褊狭态度,以及宗教裁判所,无不源自这一如烈火烹油般的宗教视角。想想吧!成千上万名女性在欧洲被当做女巫而惨遭烧死——这事主要是新教徒主导的。科学中的新观点因为与教会所持观点冲突而遭到压制。而教会是用静止观点看待世界与人类,毫无进步可言。

从16世纪开始,情况在逐渐发生变化。科学出现了,宗教无所不包的现象有所减弱。政治和经济被认为独立于宗教。17—18世纪,理性主义(以理性反对盲信)茁壮成长。人们认为,宗教宽容原则在18世纪大获全胜。此话并不尽然。所谓大获全胜,实际上是这样一种景象:人们不再像以前那样把宗教看得比天还大。

宽容近似于冷漠。当人们急切关心某件事物时，他们不会宽容，只有不在意时，才会宣称自己很宽容。随着工业和大机器时代的到来，对宗教的冷漠日甚一日。欧洲的古老信仰被科学釜底抽薪。人们的头脑里装满的是新产业带来的新问题。于是，欧洲一改因宗教立场不合而砍掉彼此脑袋的旧传统，转而为了经济或社会问题流血不止。

宗教宽容和理性主义在欧洲是潜滋暗长的，刚开始的时候，书籍的贡献甚微，因为人们不敢公开批评基督教，违者面临的将是牢狱之灾或其他惩罚。德国哲学家沃尔夫因为极力颂扬孔子，被看做轻视基督教，结果被驱逐出普鲁士。不过到18世纪，新观念越来越普遍，谈论此类话题的书籍便横空出世。当时最著名的理性主义作家当属法国大文豪伏尔泰。伏尔泰曾被投入巴士底狱，也曾遭流放，最后定居在日内瓦附近的费尔奈。狱中没有笔墨，伏尔泰就用铅块在书上的行与行间写下自己的文章。他年轻时就爆得大名，十岁时就因为天赋异禀而被誉为神童。伏尔泰平生最恨不公与狭隘，他用自己的笔与之宣战。"扫除败类"（Ecrasez l'infame）是他最著名的一句话。伏尔泰得享天年（1694—1778，以八十四岁高龄辞世），著作等身。因为批评基督教，伏尔泰被正统基督徒恨之入骨。他曾说过，"接受一种未经审视的宗教，好似一头牛任人宰割"。伏尔泰的作品极大地鼓舞人们走向理性主义和

伏尔泰像
[法] 让·巴蒂斯特·皮加勒
藏于巴黎卢浮宫

各种新观念。费尔奈的伏尔泰故居如今依然每年吸引着不少后人前来凭吊。

另一位同时代的伟大思想家,是年齿略迟于伏尔泰的卢梭。他出生在日内瓦,日内瓦以卢梭为骄傲。卢梭关于宗教和政治的作品引起了轩然大波。他的社会政治理论新颖却可亲,将许多革故鼎新的观念在众人心中点燃。卢梭并未呼吁革命,他甚至都未意料到会有那么一天。但是,他的著作和思想无疑播下了革命的火种,在大革命到来之时呈燎原之势。《社会契约论》是卢梭最著名的作品,开篇便是那句惊天动地的"人是生而自由的,却无往不在枷锁之中"。

卢梭也是一位伟大的教育家,他所提出的许多教学新方法如今已在学校中得到应用。

除了伏尔泰和卢梭之外,18世纪的法国涌现了许多思想家和作家。我在这里仅再谈及一位:孟德斯鸠。他最著名的作品是《论法的精神》。百科全书也诞生于这一时期的巴黎,狄德罗等一批有志之士为百科全书撰写了各种政治和社会词条。

法国群星璀璨,哲学家和思想家的作品广为流布,他们思考和讨论的问题在普通人中间引起了强烈共鸣。于是,法国形成了一股反对宗教偏见与政治社会特权的强大民意。人民要求自由。不过奇怪的是,无论是哲学家还是普通人都并不想将国王除之而后快。共和国观念在当时不流行,人们还是希望出现明君,像柏拉图笔下的哲人王那样,能够纾民困,给下民带来正义与自由。

大机器时代

工业革命给世界带来了大机器,也宣告了机器时代的到来。历史上出现过各种机器,但都没有像新机器那般巨大。什么是机器?机器就是帮助人类做工的大型工具。人类被称为能制造工具的动物,从最早的时候开始,人类就学会了制造工具并不断加以改善。人类之所以是万物之灵,能令比他厉害的动物称臣,就在于工具的使用。工具是双手的延伸,你或许可以称它为第三只手。机器则是工具的延伸。工具和机器使人类凌驾于大自然诸生灵之上,使人类社会从大自然的束缚中解脱。有了工具和机器,人类制造东西更容易。产出更多,闲暇时间也便更多,于是带来了艺术、思想和科学各个领域的进步。

但是,大机器并非纯然是人类的福音。它促进了文明,与此同时,大机器源源不断造出杀人武器,所以它也同样助长了野蛮。即便它使产品极大丰富,但这些产品并未送到大众手里,而是专供一小群人挥霍。它前所未有地加剧了富者逾富、贫者逾贫的两极分化状况。机器不但未成为人类的工具与助手,反而充当起主子来。一方面,它教会了人类某些美德,如合作、组织、准时,另一方面,它也让生活成为一套沉闷的例行程序,丝毫谈不上乐趣或自由。

不过,为什么要将随之而来的弊病归罪于机器本身呢?错在人类自身,正是人类将机器运用于社会的方式有误,才导致社会未能完全从中获益。我们已不可能回到工业革命前的田园时代,为了消除这些弊病,将工业化带给我们的好处一并扔掉,也是不可取的。机器已经来到我们身边。因此,我们要做的应该是兴利除弊,将财富、产品公平分配到生产它的大众那里。

大机器时代的到来,可不像改朝换代的政治革命那样简单,它是一场影响到每个阶级乃至每个人的大革命。大机器或曰工业的胜利,意味着控制机器的那些阶级的大获全胜。正如我之前告诉过你的,控制生产资料的阶级便是统治阶级。在古代,比如封建时代,最重要的生产资料是土地,因此土地所有者(领主)便是统治者。土地之外的财富出现后,地主阶级开始将权力分给拥有新生产资料的阶级。等到大机器到来,控制大机器的阶级很自然就走到历史聚光灯下,成为掌权者。

政治权力在土地所有者手中,比如英格兰,其他国家情况更甚。土地是父传子,因此政治权力也成为一种继承的特权。我以前给你讲过英国的"口袋选区",这些选区被地主贵族操控,他们大多内定出候选人,"选出"的这些议员唯地主贵族马首是瞻,故称选区在地主贵族口袋里。这样的选举无疑是一场闹剧,有太多的腐败,买卖议院选票与席位的现象屡见不鲜。新兴的中产阶级中,有些人资产颇丰,完全有实力以这种方式当上议员。不过,平民老百姓就完全没有出路。他们没有特权可以继承,也没有钱。在议院里,甚至在议员选举中,他们都没有发言权。即便在庙堂之外游行示威,他们也不见容于当权者,频遭镇压。他们如乌合之众,不成气候,极其无助,当苦难变得忍无可忍时,他们便把法律秩序抛到了九霄云外,骚乱爆发了。

18世纪的英国,这样的骚乱频发。老百姓的经济状况十分窘迫。大地主如大鱼吃小鱼一般,兼并中小地主的土地,属于全村的公田也往往被攫取,所有这一切都让老百姓的日子雪上加霜。普通民众在政府里毫无话语权,争取自由的呼声越来越高涨。

新开设的大工厂将棉纱作坊和手工业者打得落花流水。手工业者根本无法与大机器抗衡,不得不放弃旧手艺,到他们憎恨的大工厂里做工。棉纱作坊并不是一下子衰落的,但是也非常迅速。18世纪即将终结时,即约1800年左右,大工厂的主导地位就已经非常明显了。约三十年后,蒸汽火车开始在英国出现,它所装备的便是斯蒂文森著名的引擎("火箭")。就这样,大机器在英国各地,在几乎各个生产与生活领域突飞猛进。

值得一提的是,几乎所有的发明家都来自于工人阶级，——他们的名字我就不逐一点到了。许多早期的工业领袖也是工人出身。但是，他们的发明以及随之而来的工厂体系却导致雇主与工人间的鸿沟越来越大。工人只是机器上的一枚螺丝，在他所无法理解的机器伟力面前那样渺小无助。手工业者发现自己面临新工厂的残酷竞争，工厂的产品物美价廉，远不是在作坊里用前现代工具所能造出来的，他们嗅到了某些不对劲。面临无妄之灾的他们纷纷歇业，加入失业与饥饿大军。在饥饿的驱使下，他们只能在工厂做牛做马。

不过请别以为这都是铁石心肠的工厂主的过错，工厂主并不是有意要作恶。错在制度。工厂主为了扩大生意，占领遥远的国际市场，必须竭尽全力。建造工厂，购买机器设备，都需要花费巨资，只有等工厂生产出商品并在市场上售卖出去，才能收回成本。为了建工厂，工厂主精打细算，成本收回之后，他们又会投资建更多工厂，以扩大再生产。

纵观整个人类史，我们总能看到强者对弱者的剥削。工厂制度使这一切变得更容易。法律上已经取消奴隶，但实际上忍饥挨饿的工人比以前的奴隶境遇好不了多少。法律完全偏向雇主。甚至宗教都为雇主服务，它告诉穷人要忍耐现世的悲惨命运，以期待在天堂中得到补偿。统治阶级发展出了一种方便自己的哲学，认为高工资会让工人过上好日子，反倒忘了努力工作，因此付给工人低工资反而是一种德行。

为了一己之私利,人类能够一叶障目,欺骗自己到此种程度,这着实让人瞠目结舌。18世纪及以后的英国工厂主不遗余力地抵制工人待遇的提高。他们反对工厂立法和房屋改革,拒绝认识到社会有减轻人民苦难的义务。他们还编出了一套哲学,叫做自由放任主义,鼓吹政府对于经济事务不应该有任何干预。

但是,自由放任主义和初来乍到的资本主义给人类社会带来了丛林法则,英国历史学家托马斯·卡莱尔(Thomas Carlyle)讥之为"猪的哲学"。以自由和物权之名,工厂主昧着良心反对对私屋的卫生状况和假冒伪劣产品强行干预。

我刚才提到了资本主义一词。资本主义很久以前就存在于多地,它的意思是以积累资金的方式推进产业。随着大机器和工业化时代的到来,工厂建设需要的资金(即工业资本)不可胜数。资本主义一词也用来专指工业革命产生之后的经济制度。在这一制度下,资本家控制了工厂,从中获得巨大利润。如今,资本主义跟随工业化的脚步,遍布全世界。工业的机械化使产量增多,也带来更多财富,工业革命和资本主义解决了生产问题,却迟迟未能解决分配问题,工厂主与工人之间的矛盾日益激化。

由于工厂再生产需要源源不断的原材料,也需要打开销售产品的国际市场,因此资本主义不可避免导致新帝国主义。于是我们看到,工业革命到来后,英语世界越来越被兰卡夏郡的布料生厂商和钢铁、矿业大亨所控制。

美国独立革命

我们接下来谈18世纪的第二个大革命：北美殖民地反对英国的独立革命。这仅是一场政治革命，没有工业革命那样无远弗届的冲击力，或者像随后的法国大革命那样，动摇了欧洲的社会基础。不过北美的这次政治变革也非常重要，并注定会产生深远影响。独立后的北美殖民地今天成长为世界上最富强、最发达的超级大国。

历史从不重复它自身，但有时它又以某种方式惊人再现。1773年的波士顿倾茶事件举世闻名。1930年，当甘地发动"食盐进军"，率领众人向海滨丹地进军，沿途宣传，号召人民破坏英国殖民政府的食盐专卖法。许多美国人想到了他们的"波士顿茶党"，将甘地的盐党与之相提并论。不过，二者的区别还是很明显的。

1775年，英国和她的北美殖民地之间开战了。这些殖民地到底为何而战？不是为了独立，也并非为了与英国一刀两断。即便开战以后，双方血染疆场，殖民地的领导人仍然尊称英国国王乔治三世为"最仁慈的君王"，并自视为英王的忠实子民。

华盛顿率军夜渡特拉华河(1776)
[德] 埃玛纽埃尔·洛伊茨
创作年份:1851年

所以说，殖民地并非为了独立而开战的，他们的诉求是减税和开放贸易禁令，反对英国议院违背他们意愿，横征暴敛。殖民地在英国议院无议席，于是发出了"无代表不纳税"的呼声。

殖民地没有军队，但是在这片热血土地上有热血的人民可以依恃。大陆军于是建立起来了，华盛顿成为大陆军总司令。大陆军颇打了几次胜仗。与此同时，法国人认为此时正是给英国人迎头痛击的好机会，便向英军宣战，西班牙人也如法炮制。

胜利的天平偏向了殖民地，不过战争旷日持久。1776年，发表《独立宣言》。1782年停战，1783年双方签订巴黎和约，英国正式承认美国为一个自由、自主和独立的国家。

北美十三个殖民地成为一个独立的共和国，即美利坚合众国。不过很长时间里，州与州之间怀有戒心，各打各的小算盘。统一国家感是慢慢培养起来的。这是一个幅员辽阔的国家，从东海岸一直延伸到西海岸。美国也是现代世界上第一个共和制的大国，当时的另一个共和国是弹丸之国瑞士。荷兰虽然也实行共和制，但实际掌权的是贵族。英国是君主制，但其议院被富可敌国的地主阶层控制。美利坚合众国是一个全新的国家，和古老的欧亚国家不一样，它没有过去。它没有封建制的残余，除了南方的种植园和奴隶制。它也没有簪缨继世的名门望族。于是，布尔乔亚（中产阶级）

在这个没有天敌的国家一往无前,飞速发展。独立战争前,它的人口不到400万,现在则超过了1.8亿人口。

乔治·华盛顿成为美国首任总统,他是一名来自弗吉尼亚州的大地主。共和国的其他建国元勋还有托马斯·潘恩、本杰明·富兰克林、帕特里克·亨利、托马斯·杰斐逊、约翰·亚当斯和詹姆斯·麦迪逊。本杰明·富兰克林是一位百科全书式的杰出人物,他曾带儿子在暴风雨里,用风筝实验证明了云层里的闪电就是一种电流。

1776年的《独立宣言》中的"所有人生而平等"这句话,略一分析,会发现并不全对。有人生来体弱,有人生来壮实,有人天赋异禀,有人生性驽钝,这些都是天生的不平等。但是这句话背后的理念却是掷地有声,令人称许。殖民地希望摒弃欧洲的封建不平等,它本身是一个极大的进步。《独立宣言》在拟定时,一定受到伏尔泰和卢梭等18世纪法国思想家的强烈影响。

"所有人生而平等",然而这里还是有可怜的黑奴,他们毫无人权可言!黑奴是人吗?黑奴在宪法中有容身之地吗?没有。多年以后,美国南北方爆发惨烈的内战,奴隶制最后被废除,但是黑人问题在美国依然没有彻底解决。

法国大革命

上文扼要讲述了 18 世纪的两大革命。现在我要说一说法国大革命。在这三场革命中,法国大革命最为天翻地覆。起源于英国的工业革命,其重要性再也么强调也不为过,但它随风潜入夜,很多人几乎都没有察觉。当时的人很少意识到它的伟大意义。法国大革命则不然,如平地一声惊雷,它的爆发让整个欧洲为之一颤。国王皇帝们仍然是欧洲的统治者。古代的神圣罗马帝国虽然已经名存实亡,但它还存在于纸面上,像鬼魂一般游荡在欧洲上空。在庙堂宫殿的世界里,一帮可怕草民贸然闯入,无视贵族特权,将国王从宝座上拉下,令其他国王感到唇亡齿寒。在这场庶民的革命中,欧洲的国王权贵们面对长久以来被他们视若无物、踩在脚底的民众瑟瑟发抖。

法国大革命像火山一样爆发。但是,革命和火山的爆发都不是无来由的,莫不经过长期演变。我们看到突如其来的火山喷发,感到悚惧非常,但在地下,大地的各股力量之间已经激荡了很久,最后便冲破地表,火焰直上云霄,岩浆喷涌,正如水在加热后会沸腾,但只有在变得越来越烫时,它最终才会达到沸点。在撕裂社会的大革命爆发前,民怨已经积累了很久很久。

新观念和经济形势造成了革命的产生。在位者尸位素餐，对于新观念闭目塞听，以为革命是因犯上作乱者的挑唆。革命者是那些不满社会现状，并致力于加以改变的人。革命时期，盛产这样的犯上作乱者。他们是社会不满的产物。成千上万普罗大众静待时变，听到挑唆者的振臂呼喊，便纷纷跟着闹革命。大多数人莫不想要安定的生活，要冒着失去手中一切的风险，他们可不会干。但是，当经济状况越来越恶劣，生活变成无法承受之痛，一无所有者便做好了揭竿而起的准备，挑唆者的话给他们指明了一条生路。

在所有的欧亚大陆国家，都有过类似的农民起义，血流成河，残酷镇压。农民生活日蹇，不得不走上这条不归路，然而他们通常不清楚自己的目标是什么。因为想法模糊，缺少清晰的理念，这样的起义常以失败告终。在法国大革命中，我们发现了理念的强大作用，它与要吃饭生存的经济需要结合在一起，带来了一场真正的革命，这是一场彻底改变政治、社会、经济和宗教方方面面的真正大革命。18世纪末的法国，就是发生了这样一场大革命。

回顾一下法国国王的奢靡、无能与腐败，以及普罗大众的悲惨生活吧。我在上文中勾勒过伏尔泰、卢梭和孟德斯鸠等人的新思想。经济困局与新思想新观念相摩相荡。很少有人会主动放弃旧有的偏见和观念，但经过一段相当长的时间后，新的意识形态潜移默化了人民的头脑。于是出现这样的常见情况：一套新的意识形态建立起来,当人们最终接受它,它却已然有些过时。18世纪法国哲学家的思想是建基在欧洲前工业时代之上的,那个时候,工业革命在英国刚刚崭露尖尖角。从社会到生活无不风驰电掣地被改变了,当年的法国思想家完全想象不到后来发生的变化。所以他们的思想在大机器时代成为法国大革命的意识形态时,其实已经有一点过时。

但不管如何,法国思想家们的思想对于大革命居功至伟。投身革命的劳苦大众得到思想武装,这便是法国大革命的重要性所在。

拿破仑的起落

法国大革命之所以让人闻风丧胆,很大程度上是因为许多名门望族成为它的牺牲品,我们习惯于仰视那些特权阶层,所以这些人的遭难引发了我们的同情心。不过要牢记的是,这些人仅仅是一小部分,而劳苦大众才是大多数,不能为了一小部分人而牺牲大多数人。卢梭说过,"人民构成了人类;不在人民阵营的人数实在太少"。

法国大革命催生了拿破仑的横空出世。法兰西共和国,舍得一身剐,敢把国王拉下马,却臣服于一位短小的科西嘉人。这时的法国有一种惊人的野性之美。

法国诗人奥古斯特·巴比埃在《偶像》中,将她比作一头野兽,一匹骄傲自由的母马,马头高高扬起,全身闪着光,如同魅力无比的浪荡女,桀骜不驯,受不了任何马鞍笼头的束缚,马蹄乱蹬,嘶喊之声令整个世界为之胆颤。一位年轻的科西嘉人成功将它驯服于胯下,一路飞驰,成就了不朽伟业。但科西嘉人也让它失却了自己所有的野性与自由,耗尽了它的一切,最后人跌落于鞍下,落得个人仰马翻。

拿破仑是何等人物?是历史上最伟大的人物之一,将法国人从枷锁中解放出来的旷世英雄,如世人称呼他的,是命运的使者?还是像 H. G. 韦尔斯等人所说,仅仅是一个冒险家,破坏者,给欧洲及其文明带来巨大创伤?也许,这两种观点都略失于偏颇。我们每个人都是善与恶、伟大与渺小的混合。拿破仑也一样,只不过他与大多数人的地方在于,他的身体内藏着极端的善与恶、伟大与渺小。勇气、自信、想象力、充沛的精力以及惊人的野心,这些拿破仑统统都有。他是一名杰出的将军,深谙战争艺术的大师,可与亚历山大、成吉思汗这样的战神相俦匹。但拿破仑也有渺小之处,他自私,以自我为中心,支配他生命火焰的并不是对某一理念的追求,而只不过是对个人权柄的追逐。他曾说过,

梦中情人!权力是我的梦中情人!为了追求这位梦中情人,我付出了如此沉重代价,所以决不允许任何人抢走她,甚至与我分享她!

拿破仑是大革命之子，他却梦想建立一个庞大的帝国，脑海里充斥了亚历山大大帝的南征北战。对他的胃口而言，欧洲都不免小了一点。东方，尤其是埃及与印度在引诱着他。早在 27 岁时，他就曾有过这样一番豪言：

> 只有在东方才有过伟大的帝国和惊人的变迁，东方有六亿人口，欧洲如同弹丸之地。

拿破仑军队推进到哪里，便将法国大革命的成果带到哪里，在他所征服的国家，人民不一定反对法国人的到来。他们受够了本国的封建领主骑在头上作威作福。拿破仑所到之处，便将封建制度铲碎在地，因此颇得民心。德国的封建制被一扫而空，在西班牙，拿破仑终结了宗教裁判所。但是，他无意中挑起的民族主义情绪越烧越旺，最终一发不可收拾。拿破仑可以推翻国王和皇帝，但是全体人民奋起反抗时，便是他的兵败之日。西班牙人宁死不屈，连年战火拖垮了拿破仑。德国人也团结在伟大的爱国者冯·斯坦因男爵周围。冯·斯坦因成为拿破仑挥之不去的噩梦，德国的解放之战由此揭开帷幕。拿破仑所激起的民族主义，与海上霸主英国，成为他的两道夺命符。要整个欧洲忍受一位独裁者，似乎是不可能完成的任务。拿破仑事后曾如此反思："我的失败源自我自己，我是自己最大的敌人，也是自己悲惨命运的元凶。"

拿破仑这位天才人物有着致命弱点。他总有一种挥之不去的暴发户心态，强烈希望得到欧洲诸位国王皇帝的认可。他给自己的兄弟姐妹加官进爵，极尽疯狂，丝毫不顾他们是否有半点能力。在这些飞黄腾达的兄弟中，只有弟弟吕西安在1799年的雾月政变中出力甚多，但他后来与兄长产生激烈分歧，拒绝了意大利和西班牙王位，在意大利度过余生。其他兄弟，个个不成器，却都被封王。拿破仑对于拔擢自己的家族有一种近乎偏执且鄙俗的狂热。而当他最后深陷泥沼时，家族成员却一个个弃他而去。

拿破仑拼命想创建一个王朝。1795年跟风流美人约瑟芬·博阿尔内结婚时，拿破仑还未成名。婚后一直无子嗣，这让一心一意建立王朝的拿破仑心急如焚。1809年，刚过不惑之年的拿破仑为了"诞下龙种"，决定与皇后离婚。他本想迎娶俄罗斯的安娜公主，不过被她的兄长沙皇亚历山大一世拒绝。当时的拿破仑权倾欧洲，但沙皇还是认为他想与俄罗斯王室联姻是异想天开！最后，在拿破仑的威逼利诱下，哈布斯堡王朝的皇帝把女儿玛丽·路易莎嫁给他。玛丽·路易莎为他生下了一个儿子，但头脑不太灵光的她一点也不喜欢拿破仑，在他开始打败仗时，就离他而去。拿破仑辞世四个月后，玛丽·路易莎下嫁给了情人。

拿破仑能让整个欧洲俯首称臣，却还是被旧贵族观念的空洞光芒迷了双眼。与此同时，他也经常站在革

《拿破仑一世加冕大典》（局部）
忠实记录1804年在巴黎圣母院隆重举行的加冕仪式
[法]雅克·路易·大卫
馆藏处：巴黎卢浮宫

命角度发表讲话,并时时取笑这些孱弱的国王们。他有意要与革命和新秩序作对,然而旧秩序既不适合他,也没有容下他的意思。于是,他在二者之间走得踉踉跄跄,最终倒地不起。

  伟人是很难评价的。拿破仑无疑是伟人中的伟人。他简直像是大自然的力量本身。他有各种想法与想象,但却对于廓然大公的理念一无所知。为了收买人心,他撒下大把功名利禄。由此,当这些功名利禄不复当日时,拿破仑根本无法收敛人心,最后成为孤家寡人。宗教对于他来说,仅仅是用来安抚穷苦人民的。关于基督教,他曾经这样说:"我怎么可能接受一个敌视苏格拉底和柏拉图的宗教呢?"驻埃及时,他表现出对伊斯兰教的好感,但无疑只是为了赢得民心。拿破仑完全不信宗教,但他利用宗教以维护现存公序良俗。他说,"宗教将平等观念与天堂联系在一起,如此便避免穷人对富人施暴。宗教好比一针疫苗那样有效,用神迹满足我们,使我们免受庸医之骗……没有贫富差距,社会就会解体,而若没有宗教,也维持不住贫富差距。一个人快饿死了,邻人在大吃大喝,国家权力是没有办法管住他的,只有让他深信彼岸世界里,有给他的福报。"拿破仑如此夸耀他的武力:"就是天塌下来,我们也能用长矛顶住。"

  拿破仑魅力非凡,赢得了不少忠心耿耿的朋友。他扫视四周时,就像莫卧儿王朝的阿克巴皇帝,能产生惊人魔力。他曾说过,"我很少拔剑,我打胜仗,是用眼神而不是武器"。一个把整个欧洲拖进战争泥沼的人,竟然说出这样的话,也是奇事一桩! 在流放岁月里,他回顾往事,曾喟叹武力并不是疗世之方,人的精神远比刀剑更强大。

你知道什么最让我惊讶吗?是强力在组织事物时的重要性。世界上有两种强力:精神与刀剑。从长远看,刀剑总是会败给精神。

但是,拿破仑与长远擦身而过,他太着急,一开始就选择了刀剑之路。成也刀剑,败也刀剑。他还说过这样一句话:"战争有时没必要,有时不费一兵一卒就能获胜。"客观环境不允许拿破仑放下武器,他以勃勃野心,打胜仗如囊中取物,欧洲王公大臣对他又恨又惧,使他永远无法停下穷兵黩武的脚步。拿破仑只好不停地把人命丢进战争绞肉机,据说战场惨状,连他自己也不忍直视。

拿破仑的私生活非常简单,他从不纵情于任何事,除了工作。他曾说,"一个人无论吃得再少,也是吃多了。吃得太多有害健康,我没见过因为少吃而得病的"。正是简单生活让他拥有绝佳健康和丰沛精力。他能随时倚地而睡,小睡片刻就够。一天骑行 100 英里(约 160 公里)对他来说小菜一碟。

当他的大军横扫欧洲,拿破仑开始构想欧洲的统一，将欧洲整合到一个政府、一套法律体系中。被流放到南大西洋的圣赫勒拿岛后，拿破仑又对此进行设想："这一联盟[欧洲联盟]迟早会因一系列事件而实现。我给出了第一推动力，我所建立的体系失败后，欧洲要达到势力均衡，舍国家联盟外别无它途。"一百多年以后，欧洲在试验国家联盟的路上继续前进。

  流亡期间，拿破仑得不到儿子罗马王的任何消息，去世前他口述了一封示儿遗训。拿破仑希望儿子有一天能继位，教导他要和平统治，不要诉诸武力。"当时，我不得不用武力来制服欧洲，今天得用使它信服的方法来统治。"可惜的是，他的儿子没有机会做皇帝，21岁死于维也纳，距拿破仑去世仅十一年。

  圣赫勒拿岛上的拿破仑，整日冥思苦想，他也把这些想法写下来以俟后人。在最煊赫的时候，他是一个十足的行动家，当不了哲学家。他只拜倒在权力的祭坛前。权力才是他唯一的真爱，他肆无忌惮地爱着权力，却也是以一种艺术家的方式爱着它。他说："我热爱权力，没错，我爱它。但是以一种艺术家的方式去爱，就像小提琴家爱他的小提琴，为了调弦正音，奏出最美的音乐。"但是过度贪恋权力，对于个人和国家都是致命的，如刀口舐血，随时随地有可能付出毁灭性代价。拿破仑就是这样倒下的。

十九世纪及其危机

拿破仑 1814 年被反法同盟赶下台,第二年他从厄尔巴岛卷土重来,再遭灭顶之灾,但是拿破仑所建的体系在 1814 年就崩溃了。一百年以后的 1914 年,第一次世界大战爆发,战火几乎烧遍了全世界,造成生灵涂炭。我们接下来详细聊聊这中间的一百年。

这一百年始于 1814 年,终于 1914 年,基本上处于 19 世纪。19 世纪是一个令人心魂激荡的时代。它如团似锦,也许是因为它离我们太近,所以看上去比之前的那些年代更宏阔更丰富。当试着剖开它的万千条经纬线时,我们常常会为它的宏大与复杂而深感震撼。

19 世纪是大机器狂飙猛进的时代。工业革命催生了机器革命,机器在人类生活中越来越重要。机器接过了以前由人力完成的大量工作,人类的工作变得更轻省,也创造了更多的财富。交通变得越来越迅捷,火车取代驿站马车,蒸汽船代替帆船,远洋客轮定期将乘客从一个大洋送抵另一个大洋。19 世纪末,汽车问世,最近又出现了飞机。与此同时,人类开始利用电力,电报、电话等发明层出不穷。所有这一切科学进展都让世界面目一新。随着交通工具的发达,人类的旅行越来越快,地球好像变小了。现代人熟悉了今天的这一切,很少去思考一下它。不过,所有这些巨大变化都是全新的，它们都发生在最近一百年间。

19世纪也可以说是欧洲的世纪，或者是西欧（特别是英国）的世纪。英国是工业革命和机器革命的策源地，也是西欧的领头羊。英国是海上军事霸主，在工业领域都遥遥领先，但西欧其他国家逐渐迎头赶上。美国也在这轮机器文明浪潮中冲在前头，铁路将美国人一路往西带到太平洋沿岸，将疆域辽阔的土地拧成一个国家。不过，美国人此时忙着国内问题，无暇他顾，但它的实力已足以化解来自欧洲的干涉。我曾向你提到的门罗主义，帮助南美国家免于被欧洲人蚕食。南美的这些共和国也叫做拉丁共和国，由西班牙和葡萄牙人所建。西班牙、葡萄牙，与意大利、法国一道，被称为拉丁国家。北欧的那些国家属于条顿民族，而英国人则是条顿民族的盎格鲁—撒克逊分支。大多数美国人是盎格鲁—撒克逊后裔，不过当然它也接纳了来自全世界的移民。

世界上的其他国家此时还处于前工业化时代，无法与西方崭新的大机器文明抗衡。欧洲的机械化工厂的商品价廉物美，生产速度奇高，完全不是老旧的作坊可想象的。工厂需要的原材料，西欧大多不产，而且商品生产出来之后，要有销路，亟需开拓市场。于是，西欧在全世界寻找既能提供原材料又能购买商品的市场。亚洲和非洲当时都很羸弱，欧洲如饿狼扑食般冲了上去。在帝国主义进程中，英国由于海上实力和工业领域的绝对优势,铸就了日不落帝国的神话。

欧洲人第一次到印度,是来东方采购欧洲紧缺的香料等商品。东方的香料源源不断流入欧洲,东方手织机生产的产品也出口到西方。然而由于机器的出现,整个情况逆转了。西方的廉价商品涌入东方,东印度公司"赶尽杀绝"印度的手工作坊,目的就是为了促进英国舶来品的销售。

欧洲骑在亚洲身上作威作福。在北方,俄罗斯帝国横跨整个大陆。在南方,英国几乎侵吞了印度全境。西边的土耳其奥斯曼帝国已经奄奄一息,被讥为"欧罗巴病夫"。波斯名义上独立,实际上操控在英国和俄罗斯之手。东南亚地区(缅甸、越南、马来、爪哇、苏门答腊、菲律宾、文莱等等),除了泰国的一小片领土外,全被欧洲吞并。在东方,中国被欧洲列强逼得一退再退,斯文扫地。只有日本挺立依旧,以平等姿态面对欧洲。日本走出了闭关锁国,以惊人的速度适应了变化的世界。

除了埃及,非洲处于非常落后的状态,几乎只能任人宰割。欧洲人投身于争夺非洲的疯狂竞赛中,偌大一片非洲大陆被分得支离破碎。英国吞并了埃及,因为埃及处于通往印度的必经之路上。1869年,苏伊士运河开通,欧洲到印度的路程大为缩短。苏伊士运河也使埃及对于英国的价值陡增,因为埃及如果介入此运河,就等于扼住了通往印度的海路。

借由机器革命,资本主义文明扩张到全世界,欧洲也称霸全世界。资本主义又带来帝国主义,所以19世纪又被称作帝国主义的世纪。但这是一种全新的帝国主义,它不同于罗马、中国、印度、阿拉伯和蒙古的帝国主义,它觊觎的是原材料和市场。新帝国主义是新工业主义之子。"贸易追随国旗",而国旗经常追随圣经。宗教、科学以及爱国心,统统被利用来为一个目的服务:剥削本国弱者和落后地区的人民,让大机器的"领主们",工业时代的"王公贵胄们"的钱包越来越鼓。基督教的传教士,打着真理和爱的旗号,常常充当帝国的前哨站。传教士要是遇到什么伤害,母国会马上跳出来,以此为借口,侵吞更多的土地,榨取更多让步。

资本主义还带来强烈的民族主义,所以你也可以称19世纪为民族主义的世纪。这种民族主义不仅仅是对本国深入心魂的爱,更突出的是对别国透入骨髓的恨,国与国之间的摩擦冲突也由此而起。

盲目的民族主义开始席卷欧洲。此事殊为可怪,因为迅捷的交通本来是将国与国的距离缩短了,人员互动也更频繁。这一切本该增进对邻国的了解,消减彼此的偏见,视野更开阔才对。在某种程度上说,确实如此,但建立在工业资本主义基础上的整个社会结构必然导致国与国、阶级与阶级、人与人之间的摩擦升级。

民族主义也在东方兴起,它以抵御外侮为表现形式。一开始,东方国家的封建残余反抗洋人在本国作威作福，视之为对自己统治地位的威胁，但这些反抗都以失败告终，他们也注定会失败。接下来，出现一种夹杂着宗教色彩的民族主义，后来这一宗教色彩逐渐淡去，西方式的民族主义粉墨登场。在日本，外国势力未能入侵，故而生成了一种强烈的半封建民族主义。

从西方势力到来的那天起，亚洲就开始不屈的抵抗，但见识过西方的新式武器有多厉害之后，这种抵抗越来越没有了底气。科学发展和技术突飞猛进，欧洲的武器先进得让亚洲瞠目结舌。在坚船利炮面前，亚洲有一种深深的无力感，在绝望中低下了头。有人说，东方代表精神，西方代表物质。这种说法简直是误人子弟。18—19世纪，欧洲人以侵略者身份呼啸而来时，东西方当时的真实区别在于，东方的中世纪状态与西方的工业化进步之间的区别。印度这些东方国家面对西方的军事实力和科技进步，感到一阵晕眩，自卑感随之而来。与此同时，民族主义也在滋长，想把外国侵略者赶出国门。20世纪初，发生了一件震动亚洲的大事。那就是沙皇俄国在日俄战争中战败。小小日本居然能让欧洲列强之一俯首称臣，整个亚洲为之欢欣鼓舞。日本被视为亚洲抗击西方侵略的杰出代表，一时间声望极高。日本当然担不起这样的重任，它像欧洲列强一样只是为了自己的利益。还记得日本战胜俄国的消息传来时，我自己有多兴奋，当时我大概是你现在的年龄。

西方的帝国主义越来越猖獗，反帝国主义的东方民族主义也日益高涨。整个亚洲,从西亚的阿拉伯诸国到远东的蒙古国,民族运动一浪接着一浪,刚开始的时候还是相当有节制的,但一步步走向极端。亚洲的革命已经拉开大幕。

资本主义带来了帝国主义和民族主义。民族主义并非新事物,但如今的民族主义变得越来越狭隘激进。它既团结了人们,也分裂了人们。生活在一国的国民更加亲密,却与他国国民越发疏远。爱国主义抬头之处,必将带来对异邦人的憎恶和疑心。在欧洲,发达国家彼此虎视眈眈,相互戒备。居于霸主地位的英国很自然希望保持优势,而以德国为首的其他国家,则咽不下这口气。摩擦不断升级,直到最后演变成公开鏖战。工业资本主义的整个结构必然导致这样的摩擦和冲突。

虽然有诸多矛盾,但资本主义文明也教给我们一些美德。它教我们如何组织,因为大机器和大工业要运作,大规模的组织是必不可少的。资本主义文明教我们如何合作,如何更有效率以及守时。这些是大工厂或铁路系统正常运行的前提条件。有人说,上述所举是典型的西方人特质,东方人不具备。要我说,这无关东西方。这些特质都是由工业化带来的,西方因为已经工业化,所以具备这些优点,而东方还是农业立国,故而欠缺。

工业化将大量工人带到工厂,于是产生了一个新阶级,这就是产业工人。他们在许多方面都和农民与作坊工人不同。农民靠天吃饭,天气是不可控的,所以农民会认为自己的穷苦由天注定。农民会很迷信,甘于过灰暗无望的生活,屈服于命运的安排。产业工人用机器进行生产,四季天气对之无甚影响。工人创造出源源不断的财富,但也发现这些财富绝大多数进了别人的腰包,和自己无关。在某种程度上,他能看到经济法则在起作用,因此不像农民那般迷信。对于贫困的生活,他并不怪罪神佛,而是谴责社会制度,特别是痛恨资本主义工厂主。他具有阶级自觉意识,明白了不同阶级的存在,这便带来不满和反抗。

19世纪汇聚了太多洪流,资本主义、帝国主义、民族主义、国际主义和贫富两极分化,它们之间相互抵牾,故而很难尽收眼底。我不知道,你对于这一奇特景观会作何感想?但生活本身就是一股交错的洪流,我们必须接受它现在的这个样子,试着了解它,然后加以改善。

欧美的有识之士开始思考19世纪的这一混乱状态。19世纪初,拿破仑刚倒台时,放眼欧洲,毫无自由可言。有的只有国王独裁,或者像英国那样,一小撮贵族和富豪掌权。自由的火苗会在最初就被掐灭。美国和法国的革命将民主理念和政治自由传播给普罗大众。民主被视为解决社会问题的灵丹妙药。民主理念的真义在于,不允许特权的存在。每个人都应该被视为具有同等社会和政治价值的个体。当然，人与人在许多方面差异很大：有人更强壮，有人更聪明，有人更无私。民主的信仰者主张，无论人与人的差异如何，身而为人就应该享有同样的政治地位。平等的政治地位意味着平等投票权。进步思想家和自由主义者狂热地信仰民主，誓将民主实现。而保守派和反动派将民主视同洪水猛兽，于是冲突四起，在许多国家都爆发了革命。普选权在得到推广前，英国一度处于内战边缘。

不过，民主还是逐渐在多地落地生根，19世纪末，西欧和美国的大多数男性都得到了选举权。民主曾经是19世纪最壮美的梦想，因此这个世纪也可以被称作民主的世纪。民主到来了，但人们得到民主后，却对它丧失了信仰。他们发现，民主并不能给贫穷苦难以及资本主义的各种矛盾画上句号。饿着肚子的人，要投票权有什么用？民主的名声就这样黯淡了，或者更确切一些说，政治民主不再时髦了。不过这已越出了19世纪的范围。

民主关涉的是自由的政治面。它是对各种专制制度的反抗，但它对于层出不穷的经济问题（如贫穷问题和阶级冲突）毫无办法。它只是在理论上强调了个人随天分而行的那种自由，假定个人为了自身利益，能在各方面改善自己，社会也由此而进步。这也就是上封信中，我提到的自由放任主义。但是个人自由理论是失败的，为了糊口而被迫工作的人，实在谈不上有多少自由。

劳动成果的分配很明显不公平,而且和长期受压的农民不同,工人感受到了这种不公,并且心生怨恨。在所有西方工业化国家,劳资矛盾越来越突出,有识之士绞尽脑汁想要找到一条走出丛林的办法。于是,社会主义思想便出现了,它是资本主义之子,也是资本主义之敌,也许注定会将资本主义埋葬。英国的社会主义运动采取了比较温和的形式,法国和德国则出现了革命化转变。美国由于幅员辽阔,人口相对稀少,机会多多,所以在很长时间内,资本主义带给西欧的不公与恶果不那么明显。

19世纪中期,德国人马克思横空出世,他是社会主义的预言家,也是共产主义之父。马克思并不是空头哲学家,或者只会讨论学术问题的教授。他是一名实践哲学家,他将科学方法运用到对政治和经济问题的研究中,因此找到了济世药方。马克思说,迄今以来的哲学只不过是解释世界,而共产主义哲学则是致力于改造世界。他与恩格斯一起发表了《共产党宣言》,为他的哲学给出纲领。后来,他又用德文写出了一部重磅之作《资本论》,以科学角度考察人类历史,告诉大家,社会在向哪个方向发展,这一进程如何才能加快。我在这里不会详细解说《资本论》,不过我想告诉你,《资本论》对于社会主义发展起到了无可限量的推动力,如今被共产党执政的苏联奉为圣经。

另一本引起巨大轰动的大作,来自19世纪中期的英国，它便是达尔文的《物种起源》。达尔文是一位自然学家，也就是说，他的研究对象为大自然，特别是动植物。达尔文用大量例证告诉世人，动植物是如何演化而来的，一个物种是如何在自然选择下变成另一个物种，极简单的生命形式如何进化成非常复杂的生命体。这样的科学推演，直接挑战了持创世说的宗教教义。于是在科学家和宗教信徒之间，出现了大辩论。二者之间真正的冲突，除了在于事实真相之外，更在于对待生命的态度。狭隘的宗教态度，可以说是既神秘、迷信而又畏惧的，从不鼓励理性，要求人们相信他们所接受的教义，不许有一丝一毫的质疑。许多话题以神圣之名义包裹起来，不允许打开或被碰触。而科学之精神，或科学方法，则迥异于此，因为科学就是会对万事万物好奇。它从不将任何事物视为理所当然，也不会因某一话题事涉神圣就退缩到一边。它无往而不探索，把迷信丢到一边，相信唯有这样才能通过实验或理性树立自身。

在与如化石般僵化的宗教世界观的这场斗争中，科学精神最终胜出。你记得，我给你讲过法国大革命之前的哲学思潮吧。而如今该思潮更加深入人心，有过普通教育的公民都受到了这一科学进程的影响。一个人也许并未精思过科学主题，对科学也知之甚少，但面对层出不穷的惊人发明和发现，他怎能不生敬畏之心。铁路、电力、电报、电话、留声机令人应接不暇，它们都是科学方法孕育出来的，被礼赞为科学的胜利。在世人眼里，科学不仅拓展人类知识，而且增强人类掌控自然的能力。

人类拜倒在科学这一无所不能的新神脚下。19世纪的科学人变得志得意满，非常之自信。半个世纪之后的今天，科学又取得了巨大进步，但如今的态度则已经不同于19世纪。今天，真正的科学家会感到生也有涯，而知也无涯，纵然泛舟于知识之洋，他比前辈要谦逊得多，也犹豫得多。

19世纪的另个一显著特点在于西方的平民教育得到普及。统治阶层的许多人曾极力反对教育普及，认定会导致老百姓懒惰侮慢，既不服管教，也不信基督。无知，以及对权势的绝对服从，是基督教不可或缺的两个条件。然而，平民教育还是如雨后春笋般普及开来了。和19世纪的其他许多新特征一样，平民教育也是由新工业带到世间来的。大工厂和大机器需要的工业效率，只能通过教育来提供。这一时期的社会亟需各种有技术含量的劳动，于是平民教育便顺时而生。

基础教育培养了大批识文断字的老百姓，他们文化程度不能算高，但是能读能写，于是读报的风气也普及开来了。报纸价格低廉，发行量巨大，并对读者的心灵产生强有力的影响。但其实它们经常误导人民，并激起对邻国的憎恶之情，将人民拖入战争。然而不论如何，新闻这一行无疑已成为一股不可小觑的社会力量。

我在这封信中谈到的情况，主要适用于欧洲，特别是西欧，也在一定程度上适用于北美。而世界其他地区，除了日本和非洲，变成了欧洲政策的消极受害者。真如我所说，19世纪是欧洲的世纪。欧洲充斥了整个19世纪图景，占据了全世界舞台的中心。而在过去岁月，亚洲长时间地宰制着欧洲。——当文明中心位于埃及、伊拉克、印度、中国、希腊、罗马、阿拉伯半岛时，便是这样的情形。可是古老的文明耗尽了自身，变得日益僵化，生命力离开了它们。发达的交通将世界各地联系得更紧密，更易到达，由此，欧洲的宰制力变得前所未有的强大。

19世纪见证了欧洲文明的繁盛，这一文明又因工业资本主义的布尔乔亚阶级，而有布尔乔亚文明之名。关于这一文明的内在矛盾与缺点，我已经说了不少。在印度和东亚的我们尤其能看清这些缺点，也深受其害。但是若非自身有伟大之处，没有哪个国家或人民能够抵达伟大的巅峰。西欧自然也有伟大之处。欧洲之所以能以动力横绝天下，最终并不是凭借它的军事实力，而在于它的伟大之处。欧洲遍地都是活力与创造力。伟大的诗人、作家、哲学家、科学家、音乐家、工程师、活动家，济济一堂。而且毫无疑问，西欧的平民百姓生活远远好于往昔。像伦敦、巴黎、柏林和纽约这样的超级大城市变得越来越庞大，楼宇越来越高耸，人们越来越享受生活，科学有一千种办法来减轻人类劳作、提高生活的舒适度。富裕阶层的生活，如此曼妙文雅，令人陶醉其中，至此，一种文明似乎已经到了长乐未央的黄昏时刻。

于是，19世纪下半叶的欧洲，委实欣欣向荣，至少从表面上，这一雅致的文明将长存，从一个胜利迈向另一个胜利。但如果你从表面往下看，就会看到混乱喧嚣，还有不忍直视的诸多景象。因为，曼妙文雅只属于上层阶级，它建立在对他人与他国的剥削之上。当目睹帝国主义的狰狞之后，你恐怕对于这一19世纪文明的万世长存会有一些怀疑。它的四肢健全，却长着一颗玻璃心。从外部看，这一布尔乔亚文明何其健康，何其进步，然而它的五脏六腑却在朽坏。

1914年，大溃败到来了。

英国人在印度

1830年，印度总督查尔斯·梅特卡弗（Charles Metcalfe）爵士如此描写印度的村社：

> 村社就好似自给自足的小桃花源，与外界并无任何关联，它们似乎能这样一直存在下去，直到天荒地老。小村社自成一格，它们通向幸福，在自由与独立中如此惬意。

查尔斯·梅特卡弗对传统村庄的评价有恭维之嫌，给村社涂上了一层田园怡情之色彩。毫无疑问，村社在地方上的自由和独立是一件好事,但事物还有另一面。对于它的缺陷,我们不应该看不到。与外界切断联系,自给自足,便完全绝缘于进步。进步是要在大单元里互相合作。一个人或一个组织,越是陷溺于自我,就越危险,或者说会变得越来越自我中心、自私和心胸狭隘。由此,村民通常比城里人要狭隘些,迷信些。所以村社纵然有千般优点,也不可能成为进步的中心。它们原始而落后。手工业和工业主要繁盛于城镇,虽然大量织机遍布村庄。

为什么村社过着与世隔绝的生活?原因在于交通不便。村与村之间缺乏大路连通,中央政府因此对于村社事务很难介入太多。河岸附近的村镇可以通过船只来往,但可资利用的河流毕竟有限。这也构成了对国内贸易的阻碍。

东印度公司多年来只专注于赚钱,给股东分红,像修路、建学校、卫生系统和医院这样的事情全不在它的考虑内。不过后来,英国人因为要购买原材料,向印度倾销工业品,所以对于交通便采取了不同政策。印度的海岸线上,为欣欣向荣的海外贸易而服务的新城一座座矗立起来。孟买、加尔各答、马德拉斯,还有后来的卡拉奇,棉花等原材料源源不断运来,然后运到外国,来自外国特别是英国的洋货抵达这里,分销到印度各地。这些新城与西方如日中天的大工业城市非常不一样。利物浦、曼彻斯特、伯明翰和谢菲尔德这些欧洲城市是制造业中心，也是运输商品的港口。印度的新城不事生产，仅是海外贸易的口岸，也象征了外族统治。

新兴的港口城市要与内地相联系，才能收购原料，分销洋货，于是内地城市也如雨后春笋般出现，成为各邦的首府或行政中心。交通问题变得前所未有地紧迫，先是公路，接下来是铁路纷纷建起来。印度的第一条铁路建于1853年的孟买。

古老的村社无法适应印度产业崩溃所带来的新形势。随着公路、铁路修到村口，村社最终走向了它的末日。当世界持续来敲门时，小小的世外桃源是不可能永远紧闭门户的。一个村庄的商品价格会马上影响到其他村庄同样商品的价格，因为商品可以很容易地从一地运到另一地。而随着世界交通事业的发展，加拿大或美国的小麦价格会影响到印度的小麦价格。就这样，印度的村社被外力拖拽到全球价格体系中。旧有的村社经济秩序碎为齑粉，农民们发现自己在一个新经济秩序里动弹不得。

农民的农产品，供应的不再是村社市场，而是世界市场。农民们困在世界生产与价格的漩涡里，不停往下坠。以前的印度，当粮食歉收，因无法从外国得到支援，就会发生饥荒——我们把这称为粮荒。但如今，奇怪的景象发生了。老百姓竟然会在丰年饿肚子。市场上有的是粮食，老百姓没钱买。这是闹钱荒，而非粮荒。古老的村社制度，即潘查亚特制度土崩瓦解了，但很不幸，在农村却并未重生出一种能适应新形势的新制度。

1861年，印度北方发生大饥荒，据统计，在受影响地区，8.5%的人口饿死。1876年，印度的北部、中部和南部同时发生大饥荒，整整持续了两年。联合省（现在的北方邦）依然是灾情最严重的，另外还有中部省份和旁遮普部分地区，共有1千万人活活饿死。二十年后的1896年，还是在同一区域，发生了印度史无前例的大饥荒。1900年，又一场饥荒接踵而来。

上面讲了19世纪的印度，这是一个漫长的故事，也是一个令人大恸的故事。我之所以对印度的这段历史分外留心，首先因为我是一个印度人。另外，今日的印度是由19世纪的印度转变而成的。要理解印度，就必须了解是什么力量造就了现在的她。

读到英国人在印度的种种倒行逆施，你有时候会深感愤怒。但是，这一切究竟是谁的错？难道不是因为我们自身的软弱和无知？哪里有软弱和无知，哪里便会催生暴政。

那么，英国人的暴政，到底是谁的暴政？谁从中受益？受益的不是全体英国人，数以百万计的英国人自己还被奴役着。而一小撮印度人无疑因为英国对印度的剥削，而获益匪浅。那么我们该如何定界限？或许，这不是个人的问题，而是制度的问题。我们生活在一个将印度千千万万民众敲骨吸髓的庞大机器下，这一机器便是新帝国主义，它是工业资本主义的产物。所以，恨某个人,或恨全体英国人,都失之偏颇。整个制度是荒谬的,它深深地伤害了我们,需要改变的正是制度。至于是谁在操控着这个系统,并不重要,好人在恶制度下也会无助。你即便带着全世界最好的愿望,付出再多努力,也无法将泥土石块变为佳肴。帝国主义和资本主义就是这样的朽木不可雕,没办法改善,只能被铲除。

我们发现了一个非常奇葩的现象。英国作为当时欧洲最先进的一个国家,却与印度最落后最保守的阶级苟合,扶持着一个垂死的封建阶级,强化了印度的封建制度。英国人本是欧洲中产阶级(布尔乔亚)革命的先锋,在议院中夺得大权,英国人也是工业革命的先行者,将工业资本主义推向全世界。

英国人为什么这样做?其实不难理解。资本主义的整个基础在于刀光剑影的竞争与剥削,帝国主义是它的进一步发展。所以英国人有力量清除竞争对手,扼杀潜在对手。他们不可能与劳苦大众站在一起,剥削者和被剥削者从来不可能利益一致。所以英国人便与统治印度的封建残余携起手来,无异于给当时奄奄一息的后者注入一针强心剂。印度大地上林立着700个土邦,或大或小,都背靠着英国人这棵大树乘凉。

英国人的统治也加剧了宗教保守主义。这听起来颇可怪,英国人明明是只信基督教的,他们的到来却让印度的印度教和伊斯兰教越来越板结。印度本土宗教的这种反应在某种程度上是很自然的,因为外部入侵通常会让一个国家的宗教和文化通过板结化而自我保护。也正是穆斯林入侵后,印度教变得死板僵化,种姓制度才愈演愈烈。如今,印度教和伊斯兰教都以此种方式作为反应。不过除此之外,在印度的英国当局有意无意也在加强这两个宗教内部的保守势力。英国人无心于宗教,他们只是为了钱。他们不敢干涉宗教,害怕人民在怒火中起而反对他们。为了不被印度人怀疑为干涉宗教,英国人干脆径直去保护宗教、扶持宗教,但结果却往往是宗教的外部形式保留了,它的内在却已被掏空。

因为担心激怒正统人士,英国人便与这帮人站在一起反对变革。改革事业于是停滞不前。印度教及其戒律在许多方面都是在变化着的,也是颇为进步的,虽然这种进步在近几百年来很缓慢。印度教戒律基本上是依习俗而定,习俗是不断变化,不断生长的。而英国人在咨诹印度的正统派之后,制定出非常严苛的法条,印度教戒律的弹性也就丧失殆尽。就这样,印度教的发展也停滞下来。而穆斯林对现状的憎恶更甚,他们干脆退到了自己厚厚的壳里。

印度教有寡妇殉死的陋习萨提(sati),指的是寡妇坐在葬礼的火堆上,陪伴丈夫,被活活烧死。英国人把废除萨提的功劳留给自己。诚然,英国人是有一定功劳,但实际上由罗姆摩罕·罗易(Raja Ram Mohan Roy)带头的印度改革家在多年前就已经发起废除它,殖民地政府只是加速了这一进程。在英国统治之前，就有多位统治者曾禁止过它，特别是马拉他统治者。葡萄牙殖民家阿尔布克尔克也曾在卧亚地区废除过它。英国统治者之所以取缔该陋习，只是印度改革家和基督教传教士不懈努力之后的顺水推舟罢了。而且如果我没记错的话，这也是英国统治者为印度做的唯一称得上有意义的宗教改革。

1858年，东印度公司的行政权力被解除，英国政府正式接管印度，英女王成为"印度皇帝"。在印度，设置印度总督一职，下面是各级官员。印度土地上林立的土邦公国名义上是半独立的，但事实上完全是英国人的傀儡。每个大一点的土邦，都有一名叫做参政（Resident）的英国官员驻扎，他们能直接干政。参政们对于内部改革无半点兴趣，对于土邦当局的作恶与落后也完全无所谓，只关心在土邦内加强英国的统治。

印度三分之一国土分裂成林立的土邦，剩下的三分之二则处于英国当局的直接统治之下。这三分之二被叫做英属印度。英属印度的所有高官都是英国人，直到19世纪末才有寥寥几位印度人进入。这些官员构成了印度文官机构（Indian Civil Service）。整个印度政府便是由这一印度文官机构所控制，政府官员是彼此任命的，完全不用对人民负责。

关于印度文官机构，我们听得够多了。文官们在某些方面看是十分高效的。他们组织起政府，加强英国统治，并不时能自肥腰包。但凡能加强英国统治、增加税收的政府机构都非常高效，而其他机构则阙如。因为不必向人民负责，印度文官机构毫不关心其他机构的建设。在此环境下，文官们自然越来越盛气凌人，对公共舆论不屑一顾，眼光的狭隘必然使他们自视为世界上最具智慧者。他们形成了一个相互吹捧的小团体，乃是因为印度文官机构的绝对权力不受限制，文官们也成为印度的实际主子。英国议院离印度太远，鞭长莫及，而且反过来说，文官们很好地为英国的利益在卖命，英国议院也没必要干涉。虽然印度文官机构中还是有不少贤能忠义之士，但他们对于印度的沉沦实在无力回天。

　　殖民政府多年来疏于建设学校、医院等公共设施。传统的村校消失后，英国人出于自身目的在学校建设方面的投入缓慢而吝啬。高级职位由英国人把持，下级胥吏职位需要有人填补，因此英国人便开始建立培养胥吏的学校。从此以后，这成为印度教育业的唯一目标，其毕业生绝大多数只能胜任吏员工作。但过不了多久，吏员的数量供过于求，许多毕业生找不到工作，他们构成一个新阶层，也即失业的受教育阶层。

　　孟加拉地区在这一新英式教育中拔得头筹，因此早期的政府文员基本上都是孟加拉人。1857年，三所大学兴办，分别位于加尔各答、孟买和马德拉斯。有一个值得注意的现象，那就是穆斯林对于新式教育并不十分热心。于是在这一场政府官吏人选的竞争中,穆斯林落在后面,后来这也成为他们心怀不满的肇因之一。另一个值得注意的现象是在政府发起的新式教育中,女孩子还是被完全被忽视了。这并不令人惊讶。新式教育是为了培养官吏,而落后的社会风俗决定官吏只能是男性来担任。直到晚近,这方面的情况才略有起色。

印度的觉醒

从某个方面看,英国对印度还是功莫大焉。英国人精力充沛的生命对整个印度造成巨大震动,也给印度带来了民族感。对于我们古老的祖国印度,也许只有经历这样一个痛苦的震动,才能重新激发活力。英式教育虽然原本只是为了培养官吏,但也使印度人接触到当时的西方思想。受过英语教育的新阶层开始出现,虽然新阶层人数很少并脱离广大老百姓,但他们注定要在民族运动中居领导地位。这一新阶层刚开始的时候,心中充满了对英国以及英式自由观念的向往。

西方思想也在某种程度上通过新的中产阶级影响了印度教。19世纪早期,孟加拉地区的一些有识之士致力于以西方为榜样改革印度教。当然在过去的岁月中,印度教有过无数改革者。但这一新改革无疑是在基督教和西方思想影响下进行的。领军者罗姆摩罕·罗易是一位伟大的改革家、学者，我在之前提到他在废除寡妇殉死制度中居功至伟。他精通梵文、阿拉伯文等语言，并且专心研习各种宗教。他反对普迦（Puja，通过祈祷或歌颂展现对神崇拜的一种仪式）等繁琐的宗教仪轨，呼吁社会改革和妇女教育权。罗姆摩罕·罗易创立了梵社，这一改革团体的成员仅限于孟加拉受过英文教育的人士。后来，泰戈尔家族接手梵社，大诗人泰戈尔的父亲德本德拉纳特·泰戈尔成为该社团的灵魂人物。

19世纪后期，兴起了另一股宗教改革运动。领导人斯瓦米·达耶难陀在旁遮普省创办了雅利安圣社，鼓吹"回到吠陀"，摈弃了印度教后来的一些歧出以及种姓制度。虽然这场改革运动受到穆斯林和基督教思想的影响，但它本质上是一场咄咄逼人的军事运动。所以非常令人吃惊的是，圣社在印度教诸派别中是与伊斯兰教最接近的，它却成为伊斯兰教劲敌。圣社致力于将停滞自保的印度教转变成一个充满进取精神的传教式宗教，以此复兴印度教。民族主义色彩给圣社运动助力不少。实际上，正是印度教民族主义使它高高昂起头，也正是因为它的印度教背景，使圣社很难成为整个印度民族主义的众望所归。

圣社比梵社更为声名远播，信者更多，尤其在旁遮普。但它基本上还是局限在中产阶级中。圣社投身教育，创建了许多学校和大学，男女兼收。

罗姆摩罕·罗易像
位于英国布里斯托市

罗摩克里希纳是 19 世纪的另一位卓越的宗教导师。他不像斯瓦米·达耶难陀那样建立一个骎骎日上的改革社团，他强调的是为社会服务，救助贫苦之人。罗摩克里希纳有一位高足叫做辨喜，他口才极佳，将民族主义的福音传布开来。这种民族主义并不反穆斯林或反任何异教，也有别于圣社所鼓吹的狭隘民族主义。但究其本源，辨喜的民族主义还是印度教色彩的，深深扎根于印度教文化。

所以颇可留意的是，19 世纪印度的几股早期民族主义浪潮都有宗教意味，与印度教密不可分。穆斯林自然不会参与这一印度教民族主义，他们冷眼旁观，自绝于新式教育体系之外。几十年后，穆斯林从自己的硬壳中走出来，他们从伊斯兰传统文化中汲取资源，十分担心人数占优的印度教令他们丧失自己的传统。到了 19 世纪末，穆斯林运动开始风起云涌。

另外一个值得留意的现象在于，印度教和伊斯兰教的进步改革运动，都致力于将西方的科学观念与政治观念，与他们旧有的宗教观念与习俗凑泊在一起。他们还未准备好以大无畏精神直接挑战或审视旧有的观念与习俗，但与此同时又无法忽视身边汹涌而来的科学、政治和社会新观念。所以，能做的只有告诉世人，所有西方现代观念都能在印度的传统宗教圣典中找到源头，以此让二者和平相处。这样的做法最终只有失败。他们不是去大胆独立思考，努力理解正在改变世界的新力量、新观念，反而被古代传统缚住了手脚，他们未能向前看，大步进发，却徒劳地往后看。如果你频频回顾，犹疑不决，是很难真正前行的。

接受过英文教育的阶层在城市中缓慢发展，这是一个由律师、医生、商人等职业人士构成的全新的中产阶级。以前的中产阶级基本上在英国早期的殖民统治下灰飞烟灭，而今新产生的中产阶级则是英国统治的产物。在某种意义上，他们是英国统治的依附者，也算是在对老百姓的剥削中分得一点残羹冷炙。中产阶级中的绝大多数都是印度教人士。这是因为与穆斯林相比，印度教人群的经济条件较好，也因为他们较早接受英语教育，而英语教育是官员和律师等职业的通行证。穆斯林积贫积弱，因英国产业入侵而破产的织工大多数是穆斯林。

中产阶级越是崛起，胃口就越大。他们希望赚更多的钱，在政府部门得到更多职位，开办工厂时得到更多便利。英国人却在每条路上都设置路障，这让中产阶级忍无可忍，新的民族主义运动由此揭开帷幕。

这便是1914年世界大战爆发前，印度的处境。

危机重重的中国

1860年，英法联军火烧圆明园，以作为对中国破坏停战协定《天津条约》的惩罚。[3]诚然,清朝军队不遵守条约、动武挑衅在先,但英法联军的罪行令人发指。火烧圆明园,并不是几个妄知兵丁所为,而是长官下令的。为什么会发生如此野蛮行径?英法都是文明国家,在许多方面还是现代文明的执牛耳者。这些在私生活中彬彬有礼的军士,在公共冲突中,竟无法无天。人际交往和国家行为之间出现如此不可思议的对立。孩子们被教导不能自私,要事事考虑他人,行为举止得当。教育正是教的这些内容,我们也或多或少将它记在心间。然而当战争到来,这些教导便被弃于地,人性内在的残忍露出峥嵘,文明人由此沦为野兽。

就是两个同宗同源的国家开战,如法国与德国,也是一样。异族产生冲突,如欧洲人面对亚洲和非洲民族,异族之间相互陌生,彼此就像一部合上的书,此时的战争不仅是政治战,更是你死我活的种族之战。这在一定程度上解释了1857年印度大起义的可怖景象,以及欧洲列强在亚非各国的倒行逆施。

欧美列强忘记了这一点:文明人不仅能征服自然,更重要的是能克制自己。我们看到19世纪的这些进步民族,在许多领域都遥遥领先,行为举止却让最落后的野蛮人都深感汗颜。但别认为我的意思是,欧洲大大逊色于我们,恰恰相反,我们都有各自的黑暗之处。

我们现在回到中国。英法联军通过火烧圆明园,

---

[3] 此处是尼赫鲁本人对英法联军火烧圆明园的见解,不太符合历史事实。

耀武扬威，逼迫清政府签订了不公平条约，攫取了各种特权。根据这些条约，位于上海的大清海关总税务司落到了洋人手里来管理。

太平天国给奄奄一息的大清帝国施以重创，于是给外国势力大开方便之门。1864年，它终于被曾国藩镇压，曾国藩后来成为晚清的股肱大臣。

英法二国用武力从清政府那里榨取特权与让步，北方的沙皇俄国则用和平方法取得一杯羹。若干年前，觊觎君士坦丁堡的俄国进攻奥斯曼土耳其帝国。英法两强担心俄国由此坐大，所以与土耳其人结盟，在1854—1856年的克里米亚战争中击败俄国。俄国人在西边受挫，开始伺机东侵，取得了惊人成功。清政府将东北的四十万平方公里领土割让给俄国，包括港口城市海参崴。

大清帝国这个18世纪末曾统治了亚洲一半土地的天朝上国，到1860年，丧权辱国，颜面尽失。来自遥远欧洲的西方列强纷纷羞辱它，差点被一场国内的农民起义推翻。所有这些都让中国摇摇欲坠。

与俄国在中亚地区媾和之后，清朝这个分崩离析的大帝国又遇到了别的领土麻烦。这次是在附庸国安南。法国人决意要征服安南，中法战争爆发。

中国国运颠连，噩梦并没有到此终结，前头还有数不尽的凌辱与苦难在等待着她。中国的问题不在于陆军或海军羸弱，而在于更深层的问题，那就是她的整个社会和经济结构已经破碎。19世纪初,有许多反清政府的秘密会社成立,这是一种不良信号。对外贸易的发展,与工业化国家的接触,都让事态更严峻。像李鸿章那样的地方大员在各地开展了不少改革,但这一切都无法碰触到问题的根本,无法彻底救中国。

而与此同时,与中国一衣带水的日本却在创造一个又一个奇迹,赢得了国际认可,让我们去了解一下吧。

日本崛起

1641年开始,德川幕府下令将荷兰商馆迁移至长崎出岛,从此自绝于外部世界。两百年来,欧洲、亚洲和美洲,甚至非洲已经沧海桑田。但是这些消息无一抵达闭关锁国的日本。日本旧的封建空气得不到海外新空气的补充。一切好像停滞了,日本永远留在了17世纪中期。时间虽然滚滚向前,但整个图景纹丝不动。这就是封建制的日本,掌权的是地主阶级。天皇只是名义上的最高君主,真正的权力在幕府将军手中。就像印度的刹帝利一样,日本则有武士。藩主和武士属于统治阶级。各藩之间经常发生混战,农民等被统治阶层则永远处于被奴役的地位。

在连年内战之后,和平弥足珍贵。不少大封建主(大名)遭到重创。在随后的时光里,日本逐渐从内战创伤中恢复了元气。人心再度转向实业、艺术、文学和宗教。基督教还是受压制的,佛教首先复兴,接下来是日本人祭祀祖先的神道教。孔子则成为人伦典范。艺术在宫廷和贵族圈繁荣起来。在某些方面,日本的图景类似于欧洲中世纪。

但是在变化的世界里,保持静止可不是一件容易的事,虽然外部接触停滞了,但日本内部也还是在发生着斗转星移的变化,虽然若开放门户,变化会更迅速。和其他国家一样,封建经济秩序走向瓦解。国内民怨沸腾,幕府将军成为众矢之的。神道教的发展使日本人越来越期待天皇,天皇万世一系,是太阳神天照大神的后裔。于是,这股民族主义精神将不可避免地带来改变,为日本打开朝向世界的大门。

外国势力曾多次试图打开日本大门,但都无功而返。19世纪中期,美国人对日本垂涎欲滴。当时的美国刚刚西进到加利福利亚州,与中国新缔结了贸易条约,旧金山成为重要港口,但是跨太平洋的航程太漫长,美国人希望在日本开辟一个可以提供补给的港口。这便是美国锲而不舍要打开日本门户的主要原因。

1853年,美国海军准将佩里乘坐军舰带着总统米勒德·菲尔莫尔的一封信来到日本。这是日本人第一次见到蒸汽巨轮。一年以后,德川幕府答应开放两座港口。英国、俄国、荷兰听闻此消息,蜂拥而来,相继与德川幕府签订了类似条约。日本终于在213年之后,重新向世界张开怀抱。

困难还在后头。幕府将军德川庆喜在外国势力面前是以日本领导人身份出现的。但此时的德川庆喜已失去人心，国内兴起了反对将军以及对外条约的倒幕浪潮。外国人被杀，这招致了外国海军的报复攻击。情势越来越不利，最后到了1867年，德川庆喜决定退位，由此终结了德川家康1603年开始的德川时代，延续近七百年的幕府制度也退出了历史舞台。

大政奉还给明治天皇，当时的他年仅十四岁，践祚不到一年。他从1867年统治到1912年，前后共四十五年，这个时代被称为明治时代。正是在这段时期，日本向前迈步，它学习西方国家，在许多领域与西方列强并驾齐驱。这一惊人变化是在一代人之间完成的，在历史上前无古人。日本成为一个强大的工业国家，但也仿效西方列强，走向了帝国主义，四处掠食。日本拥有了进步的所有外在标志。在工业领域，它甚至超过了老师。日本的人口急速增加，它的船舶远洋到全世界，在国际事务中它的声音得到尊重与倾听。将这些看做表面变化，无疑是偏颇的，因为远不止如此。但是日本统治者仍然带着封建眼光，总是想将激进的改革与他们的封建外壳包裹起来，而在很大程度上，他们似乎也做到了。

成功推进日本改革的，是一群高瞻远瞩的贵族，他们被称为"明治群英"。日本国内排外骚乱四起，随之而来的是外国的坚船利炮，日本人既无助，又深感耻辱。但日本人没有一味自怨自艾，而是从失败中学到了教训，明治群英们绘出改革蓝图，并坚决走下去。

这一切都是以天皇名义进行的，天皇凌驾于新建的国会之上，在法律上仍是日本帝国的唯一统治者。明治群英在推进各项改革的同时，也让天皇崇拜深入人心。这实在是一种怪异的扭结：一边是现代工业和议会政府，一边却是对神化天皇的中世纪式崇拜。天皇崇拜被运用在两个方面。首先，对原本会抵制改革的保守封建阶级，他们在天皇的威名下，不得不臣服。而对那些想要彻底铲除所有封建残余的激进分子，也能加以遏止。

19世纪下半叶，中日之间对比鲜明。日本急速地自我西化，中国却日益陷入困境。为什么会出现这样的差别？中国疆土辽阔，人口众多，使得变革步履蹒跚。印度也深受此害。中国的中央政府也并不能高效地集权，因此很难像日本那样推进维新运动。另外，中华文明绵延数千年，变革祖宗之法，难于上青天。而日本文明借自中国，用西方文明取而代之，便不是太难。中国转型之困难，另一方面也由于西方列强的不断干涉。中国是大陆国家，不可能像日本列岛那样彻底关闭国门。俄国染指中国北方和东北，法国在南方蠢蠢欲动。西方列强从中国那里榨取到各项特权，获取大量商业利益，而这些商业利益是他们干涉中国内政的主因。

明治天皇骑马装

就这样,日本一骑绝尘,中国步履蹒跚,徒劳地想要适应新环境。不过还有另外一个值得留意的现象。日本学来了西方的机器与工业,现代的陆军与海军,穿上了工业化强国的外衣。但它对于欧洲的思想观念却始终有所保留,未能吸收个人自由和社会自由的理念,也未能对生命和社会持一种科学的世界观。日本在根本上仍然是封建集权的,陷于逆世界潮流而动的天皇崇拜中而无法自拔。日本人自我牺牲的炽热爱国主义与效忠天皇捆绑在一起。爱国主义竟然与对神格天皇的崇拜携起手来。

日本不仅从西方学到发展工业,也搬来了帝国主义侵略。它不甘于做欧洲列强的好学生,颇有"青出于蓝而胜于蓝"之势。日本真正的难题在于新式的工业主义与旧式的封建主义之间难以协调。为了兼顾二者,日本左支右绌,无法建立稳定的经济,税负惊人,百姓苦不堪言。为了解决国内矛盾,日本不得不乞灵于老伎俩:用帝国主义海外扩张以转移国民注意力。新兴工业也迫使日本去谋求别国的原材料和市场,就像工业革命曾迫使英国和后来的西方列强放眼海外,四处征服。到哪里获取原材料和市场呢?中国和朝鲜是近在肘腋的邻国。中国能提供贸易机会,但它本身人口过剩,只有东三省地区有大量殖民空间。于是,日本对朝鲜和中国东三省虎视眈眈。

对于从中国榨取特权甚至领土的西方列强,日本也密切关注着它们的动向。西方列强若是在中国势力太盛,会威胁到日本的安全,也会阻碍日本在亚洲大陆的扩张。

日本对外开放后二十年不到,它就开始以咄咄逼人之姿态对中国。1871年,琉球渔民遇台风漂流至台湾,数十人被台湾人杀害。日本抓住这一事件,向清政府索赔。清政府一开始拒绝,但因在越南深陷中法战争,1874年,中国最终选择了花钱消灾。日本由此变本加厉,又看中了朝鲜,借小事挑衅,入侵朝鲜,并逼迫它赔偿,开放港口。

朝鲜长久以来是中国的藩属国,她向清政府寻求援助,清政府却自顾不暇。清政府担心日本势力坐大,于是一面让朝鲜暂时屈服,一面加紧与西方列强签订协议以制约日本。就这样,1882年朝鲜打开国门。但日本还嫌不满足,它乘中国国内危机深重,抛出所谓"共同改革朝鲜内政方案",也就是让可怜的朝鲜成为中日共管的藩属国。这一状态注定会起冲突。对于冲突,日本求之不得,1894年,它将中国拖进了甲午之战。

1894—1895年的甲午之战,日本大获全胜。日本的陆军和海军都是当时极为先进的,而中方装备落后、效率低下。中日《马关条约》使日本在中国跃居至与西方列强平起平坐的地位。条约确认朝鲜独立,但这只是日本控制朝鲜的一块遮羞布。条约还规定,中国割让台湾及附属岛屿和包含旅顺口的辽东半岛给日本。

面对区区小国日本,天朝上国竟然溃不成军。这一事件震惊了全世界。西方列强无疑不欢迎日本在远东崛起。甲午战争期间,日本将战火烧入中国,西方列强还以调停之名,警告过日本勿觊觎任何中国大陆领上。日本对此置若罔闻,径直占领旅顺口,侵入辽东半岛。俄、德、法三国出面干涉,日本此时实力不济,只得放弃辽东半岛。但日本狠狠记着西方列强的此番轻侮,咬牙切齿,发誓卷土重来。

九年后,日俄战争爆发。

经甲午战争一役,日本确立了远东最强国的地位。中国则是人为刀俎、我为鱼肉,西方列强有如饿鹫一般,肆意取食。法、俄、英、德纷纷在中国攫取出海港口和各种特权。任何一点小摩擦都被用来大做文章,换得清政府的让步。两名德籍传教士被杀,德国就出兵吞并了胶东半岛。德国占了大便宜,其他列强很眼红,纷纷效仿。俄国将三年前从日本嘴里里抠出来的"肥肉"旅顺口占为己有,英国为了遏制俄国,便将与旅顺口势成犄角的威海卫租借过去。法国在越南吞并了一个港口和不少领土。沙俄还得到允许,铺设了一条横穿东北的铁路,作为西伯利亚铁路的支线。

这完全是赤裸裸的强盗行径。这便是帝国主义的所作所为。它有时秘密进行,有时披着行善的华美外衣,以掩盖内里的罪恶。而在1898年的中国,遮着布全扯掉了,一切罪恶都在光天化日下进行。

🗖 回眸西亚

以上的故事，并非亚洲的全部，亚洲其他地区还没有讲到。要记住，19世纪各国的所有大事件都是同时发生的，并且相互激荡。这就是为什么只研习一国历史，往往会带有欺骗性。只有世界史才能给我们一个清晰的视野，正确了解到究竟是哪些重要事件和力量造就了过去并塑成了今天。

西亚迥异于东亚和印度。在历史上，中亚和东亚的民族曾数度征服过西亚。突厥人就是发源自中亚。在基督教时代之前，佛教就已经传播到小亚细亚，但未在当地生根。西亚从来就是望向欧洲，而非望向东方。在某种意义上，它成为了亚洲面向欧洲的一扇窗。即使伊斯兰教在亚洲各地的扩张，也并没给其西化的世界观带来什么改变。

印度、中国及其邻国未曾像西亚那样远望欧洲。它们被包裹在了亚洲内部。无论是人种、世界观还是文化方面，印度和中国之间存在巨大差异。中国从未被宗教奴化，没有产生教士统治集团。印度向来以自己的宗教而自豪，教士在印度社会居于中心地位，虽然佛陀千方百计想将印度从这一梦魇中救出来。纵然中印之间有种种差异，印度与东亚以及东南亚却有一条默契的主线。这一主线便是佛教，它抟合了众多民族，在艺术、文学、音乐和歌曲中将许多共同的母题编织在一起。

伊斯兰教将西亚特色的文化带到印度。但西亚文化并不是直接进入印度,也不是一种自然的文化输入,毕竟征服印度的并不是全盛时期的阿拉伯人,而是很难称得上是完美诠释伊斯兰教的中亚民族,而且当时的伊斯兰文明已经巅峰不再。但不管怎样,伊斯兰教将印度和西亚联系起来,印度由此成为两大文明的汇合地。伊斯兰教也来到了中国,皈依者甚众,但伊斯兰教从未对中国文化构成挑战。而在印度,伊斯兰教长期是统治阶级信奉的宗教,因此掀起大风波。印度也因此成为两大文化直面彼此之地,我在以前的信中提到过,为解决这一难题而寻找折衷两大宗教的办法,印度人进行了许多努力。这些努力基本上成功了,但英国对印度的殖民又带来了新的危险与障碍。今天,两大宗教已经丧失了它们古老的内涵。民族主义和工业化改变了全世界,古老文化只有适应新的经济形势才能生存下来。它们空留外壳,真正的内涵已经不再。在伊斯兰教的故乡——西亚,巨大的变迁风起云涌。

最近我读到了两部佳作,我很想与你分享。这两部作品由巴黎吉美博物馆馆长勒内·鲁格塞撰写,吉美博物馆是亚洲之外最大的亚洲艺术收藏地之一,尤其是佛教艺术品。勒内·鲁格塞留下了四卷本的《东方文明史》,分别涉及印度、中东(西亚和波斯)、中国和日本。勒内·鲁格塞的兴趣点在艺术,所以多从各种艺术活动的发展角度来论述这一主题,而且给出了大量精美图片。以这种方式来学习历史,比通过死记硬背大小战役、帝王世系要更加有意思。

我已读完了《东方文明史》中的印度和中东两卷,深受启发。美轮美奂的建筑、高贵的雕像、灿烂的壁画和绘画将我带离台拉登监狱,去往遥远的时空。

印度河流域的摩亨佐达罗和哈拉帕位于位于印度西北部,那里的古代文明废墟有五千年历史。对于地球上与这一文明同时的其他文明,我们所知甚少,仅在亚洲零星区域和在埃及发现了文明遗址。如果人类考古挖掘得再深入些,再广泛些,也许能找到更多类似遗址。不过,目前已知的最早高度发展的文明,分别位于埃及的尼罗河流域,美索不达米亚的迦勒底,波斯东部的波斯波利斯,中亚的突厥斯坦,和中国黄河流域。

当时,新石器时代已经结束,铜器开始得到使用。各大文明,从埃及到中国的广袤空间,几乎是同时到达了这一文明阶段。让人惊讶不已的是,似乎有蛛丝马迹表明:某个共同的文明将火种带到亚洲各地,不同的文明中心并不孤绝,而是互通有无。农业繁荣起来,开始饲养家畜,商业渐成雏形。在各地分别发现了相似的工具,艺术品也有惊人的相似。绘有各种纹饰的彩陶引起了后人的注意,这一时期的文明甚至被命名为彩陶文明。这一文明中,也产生了金银珠宝,雪花石和大理石器皿,甚至棉织品。从埃及、印度河流域到中国,每个早期文明中心都有独特之处,并独立发展,然而一丝共同的文明脉络却清晰可见。

这一相当发达的文明大约发生在五千年前,当时应已历经数千年的发展。在尼罗河流域和古巴比伦的迦勒底地区,至少能再往前追溯两千年,其他文明有可能也同样古老。

这一共同的早期青铜时代之后,埃及、美索不达米亚、印度和中国四大东方文明各自发展,渐行渐远。埃及的金字塔和狮身人面像便是建造在此时。约公元前2000年,底比斯帝国兴起,埃及随后进入底比斯时期。这是艺术复兴的伟大时期,产生了让人叹为观止的雕像与壁画,也造出了巍峨的卢克索神庙。世人如今耳熟能详的图坦卡蒙便是一位底比斯法老。

在迦勒底,分别兴起了苏美尔和阿卡德两大强大王国。著名的古城乌尔当时已经涌现不少艺术杰作。傲视天下七百年后,乌尔古城消失在了历史中。来自叙利亚的闪米特人(与犹太人、阿拉伯人同宗同源)——巴比伦人,成为新的统治者。帝国中心巴比伦城在圣经中反复被提及。在巴比伦王国时期,文学复兴,也涌现出伟大的史诗。这些史诗讲述了天地起源,以及大洪水,它们是圣经开篇诸章节的素材。

巴比伦王国覆灭后几百年(约公元前1000年左右),亚述人登上历史舞台,以尼尼微为首都建立了一个强大的帝国。亚述人极其凶残,整个政权建立在恐怖主义之上。他们摧枯拉朽,一路杀戮,在中东地区实施血腥统治。亚述人可谓当时的帝国主义者,但他们又在某些方面文化程度极高。尼尼微有一座大型图书馆,涵盖了既有知识的每一个部类。尼尼微图书馆收藏的不是现代意义上的纸书,而是泥板书。数千块泥板书如今安静地躺在英国的大不列颠博物馆。有些泥板上的文字让后人窒息,生动描写了亚述王如何残暴地对待敌人,并以此为乐。

摩亨佐达罗时代后,雅利安人进入印度,后人至今未发掘出相关的早期遗址或雕像,但他们的丰碑在于伟大的吠陀经。由此,我们能够领略到这群南下印度平原的乐天派战士的心迹。强有力的自然诗在吠陀经中俯拾具是,诸神皆为自然神。因此当艺术发展起来时,对自然的这一热爱便顺理成章在其中起到了重要作用。离博帕尔(印度中央邦首府)不远的桑吉佛塔,是印度最早的艺术遗迹。它们的系年是佛教早期,塔门上精妙的雕刻,花叶动物都栩栩如生,无不诉说着艺术家对大自然的挚爱与理解。

亚历山大大帝之后,大大小小的希腊帝国林立,边境逼近印度,希腊文明从西北方向传入印度。后来,受希腊文化浸染的贵霜帝国崛起,其势力也抵达印度。佛陀向来反对偶像崇拜。佛陀在波罗奈斯城北的鹿野苑首次开示说法,讲述八正道与四圣谛,从不自称为神,也从不要求被顶礼膜拜,他矢志铲除掉祭司集团给社会带来的罪恶。因此佛教早期数百年间无佛像之刻画，凡遇需刻佛本人形像之处，皆以脚印、宝座、菩提树、佛塔等象征。

雕刻诸神，加以膜拜，是希腊文明的特征之一。随着希腊文明的东进，印度深受影响。位于印度东北的犍陀罗（今巴基斯坦北部和阿富汗东北），受影响尤甚，幼年佛陀首先出现在雕像中。幼年佛陀造像的样子就像小爱神丘比特，或后来的童年耶稣，意大利人称之为"sacro bambino"。偶像崇拜便以这种方式出现在佛教中，愈演愈烈，直到每座佛寺中都能看到佛陀像。

波斯文明也对印度艺术产生了深远影响。佛陀的传说，和印度教丰富的神话为印度艺术家提供了取之不竭的素材。在克里希那河沿岸的阿马拉瓦蒂，在孟买附近的象岛，在阿旃陀和埃洛拉等地，你都可以在石雕和绘画中找到这些古老的传说与神话。这些地方是极佳的旅游胜地。

印度的这一文化遗产远渡重洋，来到东南亚。在印尼的爪哇岛，婆罗浮屠的精美壁画，描绘了释迦牟尼的传奇一生。吴哥窟遗址中的浮雕，让我们回到八百年前，吴哥作为东南亚历史上最大、最繁荣、最文明的王国之一的真腊王朝皇家中心时的盛况。吴哥窟的中心巴戎寺，54座塔，每座塔四面各凿有巨大而充满生机的脸，带着洞悉一切的神秘微笑，这就是闻名世界的"吴哥的微笑"。这一微笑历经沧海桑田，始终向着喧

桑吉佛塔

嚣的人世间。

　　艺术是一面逼真的镜子，折射出一个时代的生命与文明。穆斯林的到来，给落入繁琐的印度艺术带来新的活力。印度古老的理想仍然在背后，但它穿上了来自阿拉伯和波斯的新外衣，质朴而又优雅。在过去，数以千计的建筑大师从印度出发，前往中亚。如今，来自西亚的建筑师和画家来到了印度。在波斯和中亚，一场艺术的文艺复兴正兴起。在君士坦丁堡，伟大的建筑师造出了无与伦比的建筑。当时正值意大利文艺复兴早期，灿如星河的大师们创造出无数精美的绘画与雕塑。

　　米玛·希南是奥斯曼帝国当时最伟大的建筑师。莫卧儿王朝建立者巴布尔曾延请希南的爱徒优素福来印度服务。巴布尔之孙、莫卧儿皇帝阿克巴请来了波斯细密画大师比哈扎德的几位学生，聘他们为宫廷画师。

　　泰姬陵便是这一印度—波斯艺术的伟大结晶，它是许多艺术巨匠合力完成的。据说泰姬陵的总设计师是一名叫做乌斯泰德·伊萨的土耳其或波斯人，并得到一群印度建筑师的协助。多位欧洲艺术家，特别是一位意大利艺术家，为泰姬陵的内饰出力不少。虽然汇聚了身份迥异的众多艺术大师，但泰姬陵毫无突兀或抵牾之处，只会让人产生一种不可思议之和谐感。

　　泰姬陵由波斯和印度两大主流汇成，故而勒内·鲁格塞将它称为"印度身体内的波斯灵魂"。

波斯

波斯艺术源远流长，从亚述时代开始，已经绵延了两千多年。这片土地上，外来和本土政权你方唱罢我登场，伊斯兰教带来了革命性的变化，但波斯艺术传统仍然赓续不绝，因为它深深扎根于波斯这片沃土。当然，在漫长的历史长河中，它也有层出不穷的演变。

波斯原本是亚述帝国的领土。公元前600年左右，伊朗人（雅利安人的一支，伊朗在波斯语中的意思是"雅利安人的国家"）攻占尼尼微，也终结了亚述帝国，就这样开创了一个横跨印度河流域到埃及的大帝国。伊朗人称霸整个古代世界，其统治者在古希腊史书中经常被称为"大帝"，包括了大名鼎鼎的居鲁士、大流士、薛西斯。你也许记得，大流士和薛西斯曾经妄图征服希腊，却惨遭失败。这一王朝叫做阿契美尼德王朝，它持续了两百二十年之久，直到马其顿的亚历山大大帝将它扫灭。

从亚述人和巴比伦人的统治下挣脱，波斯人如释重负。他们的文化高度发达，在宗教上也极为包容，允许各种宗教和文化百家争鸣。庞大的阿契美尼德王朝，管理有方，大道四通八达，有利于王朝各地的交流。这些波斯人与进入印度的雅利安人保持了密切联系。他们的宗教，即琐罗亚斯德教也与早期的吠陀教有关。

二者很明显有共同的起源，形成于雅利安人的最早故乡。

阿契美尼德王朝的诸王都是伟大的建造者。在首都波斯波利斯，矗立起宫殿群（并无神殿的踪迹），以多根大石柱支撑。波斯波利斯遗址能让我们对于气势恢宏的宫殿产生直观印象。阿契美尼德艺术似乎与孔雀王朝时期的印度艺术颇有过从，并对后者施加过一定影响。

亚历山大击败大流士三世，终结了阿契美尼德王朝。随后是亚历山大的将军塞琉古及其继任者在这里短暂开创了一个希腊帝国，在接下来更漫长的半外族统治下，波斯受到了希腊文明进一步的影响。与之同时代的贵霜帝国，以印度边境为中心，向南延伸至波罗奈斯，向北进入中亚，也深受希腊文明的影响。由此可见，在亚历山大大帝身后整整五百年，印度以西的亚洲地区都浸淫在希腊文明之中，直到公元3世纪为止。希腊文明的影响主要是在艺术层面，并未触及波斯的宗教，琐罗亚斯德教的地位仍旧牢不可撼。

公元3世纪，波斯迎来了民族复兴，一个新的王朝建立起来。这便是萨珊王朝，它怀有激进的民族主义，宣称自身是古代阿契美尼德王朝的继承者。但凡激进的民族主义所在之处，必然会带来狭隘心态，并且打压异端。由于西边先后是罗马帝国和拜占庭帝国，东边则有虎视眈眈的突厥部落，萨珊王朝夹在中间，因此此种情绪尤为炽烈。但它还是坚守了四百多年，直到伊斯兰教席卷而来。在萨珊王朝，国教琐罗亚斯德教的教士阶层权倾一时，教会控制了整个国家，对所有异端几近零容忍。琐罗亚斯德教经典《阿维斯陀经》的最终版本，据说便是在这一时期整理而成的。

　　印度当时处于笈多王朝统治下，也迎来了贵霜王朝和佛教时代之后的一次民族复兴。艺术与文学再度繁荣，像著名梵文诗人迦梨陀娑（《云使》的作者）就是生活在这一时代。多种迹象表明，萨珊王朝时的波斯在艺术领域与笈多王朝时的印度互动颇多。可惜今天，萨珊王朝的绘画或雕塑传世极少，仅有的几件传世品充满灵动，上面的鸟兽与印度的阿旃陀壁画很相像。另外，萨珊艺术似乎传入了中国的西域。

　　在萨珊王朝末期，波斯积贫积弱。与拜占庭帝国的连年征战彻底耗尽了这两个帝国残余力气。阿拉伯军队高举他们全新的信仰，勇猛精进，乘虚而入，一举夺下波斯。7世纪中期，距离先知穆罕默德辞世不到十年，波斯就落入哈里发之手。向中亚和北非挺进的同时，阿拉伯大军也将自己的新宗教带了过去，这是一种朝气蓬勃的文明。阿拉伯语成为通用语言。叙利亚、美索不达米亚和埃及人吸收了阿拉伯文明，甚至被急速同化。巴格达、大马士革和开罗成为阿拉伯文明的中心之一。伊拉克、叙利亚和埃及如今都是阿拉伯国家，虽然处于分裂状态，但它们仍梦想着统一。

波斯虽然也难逃被阿拉伯人征服的命运,但阿拉伯人无法像在叙利亚或埃及那样同化波斯人。波斯人是古代雅利安人的后裔,在人种上与闪米特阿拉伯人相去甚远,而且波斯语也属于雅利安语。所以波斯人种得以保全,波斯语也继续存活。伊斯兰教猛烈扩张,取代了琐罗亚斯德教。琐罗亚斯德教无奈只能最后在印度苟延残喘。不过,即便皈依伊斯兰教,波斯人也走出了一条独有的道路。伊斯兰教内部出现两大教派:什叶派和逊尼派。在波斯,一直到现在,都是什叶派势力独大,而在其他伊斯兰世界,据统治地位的则是逊尼派。

波斯虽然未被同化,阿拉伯文明的影响却是深入骨髓的。伊斯兰文明给波斯的艺术活动带来新生。阿拉伯艺术与文化也反过来受到波斯的影响。波斯式奢靡改变了沙漠之子的简朴生活,阿拉伯哈里发的宫廷富丽堂皇,和其他皇宫别无二致。国都巴格达是当时世界上最雄伟的城市。巴格达以北、底格里斯河畔的萨马拉,哈里发们为自己建造了华美的清真寺和宫殿,其遗迹至今尚存。萨马拉清真大寺的礼拜大殿规模宏大,庭院中心喷泉流水,景色别致。宫殿呈长方形,长达一公里。

公元 9 世纪中叶以后,阿拔斯王朝的政权开始腐化,帝国四分五裂,波斯独立,东面的突厥部落建立了多个国家,最终他们攫取了波斯,并成为巴格达的哈里发的幕后操纵者。11 世纪初,伽色尼的马哈茂德崛起,入侵印度，对哈里发造成极大威胁。他建立起的短命帝国被另一个突厥部落塞尔柱人推翻。塞尔柱帝国通过扩张，领土大大增加，维持了一百五十年，并与基督教十字军长期作战。12世纪末，另一支突厥人又将塞尔柱人赶出波斯，建立了花剌子模王朝，但好景不长，因蒙古使臣被害，成吉思汗震怒，亲率大军问罪，花剌子模王朝遭灭顶之灾。

　　那么多王朝，走马灯般旋起旋灭，波斯的艺术传统和生命力却始终挺立。一个又一个突厥部落从东而至，最后都拜倒在盛行于从博卡拉（位于今尼泊尔）到伊拉克的波斯—阿拉伯混合文明的裙裾下。西进抵达小亚细亚的突厥人做到了坚持自我，未被阿拉伯文化同化。他们几乎把小亚细亚变成了故乡土耳其斯坦。但是在波斯及周边国家，突厥人接受了古老的伊朗文化。在各个突厥王朝统治下，波斯的艺术和文学辉煌依旧。我曾经向你介绍过波斯最伟大的诗人菲尔多西，他生活在伽色尼的马哈茂德时代。应马哈茂德苏丹之请，他写下了民族史诗《沙纳玛》，讲述了波斯半神话半历史的过去，一直讲述到伊斯兰征服波斯为止，主人公为罗斯坦。这一史诗让我们看到，波斯的文学艺术与它的民族往昔是如此密不可分。波斯绘画和雕塑的大多数主题都取自于《沙纳玛》。

　　菲尔多西生活在千年之交，生于932年，卒于1021年。后来，在波斯和英语世界以《鲁拜集》鼎鼎大名的莪默·伽亚谟横空出世。天文学家兼诗人莪默·伽亚谟出生在波斯湾边的内沙布尔。后出的伟大诗人萨迪，他的《古丽斯坦》(《蔷薇园》)和《布斯坦》(《果园》)，几百年来印度的伊斯兰教学校中每个学童都铭记于心。

我以上仅列举了几个如雷贯耳的名字，我希望你知道，波斯艺术与文化几百年间如明灯一般照耀着从波斯到中亚河中的广袤地区。河中地区的重要城市，如巴尔赫（今阿富汗）与博卡拉，与波斯诸城争夺着文学艺术活动中心的地位。

最著名的阿拉伯哲学家伊本·西那（阿维森那，980—1037）正是在公元10世纪生于博卡拉。两百年后，另一位伟大的波斯诗人诞生于巴尔赫，他就是贾拉鲁丁·鲁米（1207—1273）。鲁米集诗人和神秘主义于一身，他创立了苏菲派莫拉维教派，也即西方所熟知的"跳旋转舞的苦修僧"。

纵然各个政权潮起潮落，波斯—阿拉伯文学艺术传统依旧生机盎然，产生了许多文学、绘画和建筑的杰作。孰料大灾来临。13世纪（1220年左右），成吉思汗一路扫荡，一举摧毁了花剌子模王朝。数年后，成吉思汗之孙孛儿只斤·旭烈兀血洗巴格达，将数百年的文化积累毁于一旦。蒙古大军将中亚几乎夷为荒野，曾经繁华的城市遭废弃，"白骨露于野，千里无鸡鸣"。

中亚根本无法从这场浩劫中完全恢复过来，它恢复到今天的模样，其实已经让人很惊奇了。你也许记得，成吉思汗殁后，蒙古帝国四分五裂。波斯及其周边归于旭烈兀的伊尔汗国。这位手上沾满鲜血的旭烈兀，一旦坐稳王位，洗心革面变成了一位和平开明之君。伊尔汗国的统治者开始仍然遵从蒙古传统，信奉弥勒佛，后来则皈依伊斯兰教。在这次皈依前后，他们对于其他宗教也是十分宽容的。孛儿只斤·旭烈兀远在中国的堂兄忽必烈，信仰的是佛教。二国关系非常密切，伊尔汗国统治者多次不远万里从元朝迎娶新娘。

由于伊尔汗国和元朝同宗同源，中国与波斯之间互动频繁，这对艺术产生不可估量的影响。中国元素悄然潜入波斯艺术，绘画中出现了阿拉伯、波斯和中国三元素的奇特混合。不过，波斯元素渡尽劫波，依然最后胜出。14世纪中期，波斯给世界又贡献了一名大诗人哈菲兹，哈菲兹在印度也有极高知名度。

伊尔汗国的国祚不长，其残余势力被来自中亚撒马尔罕的帖木儿所灭。帖木儿这位冷酷无情的野蛮人却是艺术的扶持人，据说颇有学识。他对艺术的热爱，竟然是表现在洗劫德里、设拉子、巴格达和大马士革等城市，将战利品运回以装饰国都撒马尔罕。不过撒马尔罕最奇伟的建筑非帖木儿的陵寝（古尔·埃米尔）莫属。

帖木儿攫取的辽阔疆土，在他身后分崩离析，但包括河中和波斯在内的国土仍旧归帖木儿帝国。15世纪整整一百年，帖木儿王室掌控的区域在伊朗、博卡拉与赫拉特（位于今阿富汗）之间摇摆，非常奇特的是，帖

鲁米（Rumi），苏菲派神秘主义诗人生活于13世纪塞尔柱帝国统治下的波斯

木儿后裔竟然热爱文学艺术，以对艺术的倾力扶植而著称。帖木儿之子沙哈鲁是其中的佼佼者。他在首都赫拉特兴建了一座宏大的图书馆，吸引了众多有学识者。

持续一个世纪的帖木儿时代，文学艺术运动风起云涌，故有"帖木儿文艺复兴"之美称。这一时期，波斯文学有长足进步，也产生了大量精美画作，和比哈扎德这位波斯细密画巨匠。值得一提的是，在波斯文化的激荡摩挲下，突厥文学也在帖木儿文学圈发展起来。让我再提醒你一下，此时正值意大利文艺复兴。

被突厥和蒙古异族统治的波斯人，将自己的文化加诸征服者。与此同时，波斯也在政治上争取独立，帖木儿家族步步东退，最后偏安于河中地区一隅。16世纪初，伊朗的民族主义终于获胜，帖木儿家族完全撤出波斯。波斯的本土王朝萨法维帝国崛起。第二任君主塔赫马斯普一世还收留过出逃的印度莫卧儿皇帝胡马雍。

从1502—1722年，萨法维王朝共存续了两百二十年，这一时期有波斯艺术的黄金时代之美誉。国都伊斯法罕成为著名的艺术中心，特别以绘画闻名天下。1587—1629年，阿巴斯一世在位，他是波斯历史上最伟大的君主之一。土耳其奥斯曼帝国在西，乌兹别克在东，夹缝中生存的阿巴斯一世雄才大略，击退了两大强敌，萨法维帝王朝的国力达到顶点。阿巴斯一世与遥远的西方各国建立关系，并在首都伊斯法罕大兴土木。阿巴斯一世对伊斯法罕的城市规划被誉为"充满质朴的古典格调的一件杰作"。众多建筑拔地而起，内景外饰精妙无比，堪为萨法维时期之典范。当时来到波斯的欧洲人对此有生动描述。

在这一黄金时代，建筑、文学、绘画、雕塑、地毯、彩瓷与镶嵌画，各个艺术门类都争奇斗艳。艺术不分国界，也不应有国界，16—17世纪的波斯艺术必定受惠于世界各地的影响。来自意大利的影响至为明显。不过，其背后的主脉无疑是已经绵延两千年的伊朗艺术传统。伊朗文化并不仅囿于波斯一地，而是从东到西传播到从土耳其到印度的广大区域。波斯语是印度以及西亚上流社会的用语，就像法语一度在欧洲的地位。波斯艺术的古老精魂在泰姬陵留下了不朽的印记。波斯艺术也深深影响了远在君士坦丁堡的奥斯曼建筑，那里的许多建筑都有鲜明的波斯特色。

波斯的萨法维王朝几乎与印度的莫卧儿王朝同时代。莫卧儿王朝的开国之君巴伯尔是帖木儿的六世孙。帖木儿后裔被驱逐出波斯后，残余势力退居河中地区和阿富汗。巴布尔从12岁起就投身兵戎，在与帖木儿众后裔的厮杀中战出一条血路，在喀布尔称王，然后南下印度。帖木儿后裔的高雅文化，可以从巴布尔身上窥得端倪。萨法维王朝最伟大的君主阿巴斯一世，与第三、第四代莫卧儿皇帝阿克巴、贾汉吉尔同时。由于阿富汗成为莫卧儿领土，两个王朝相互接壤，彼此一定有着非常密切的交流。

以上,我向你讲述了波斯文明的古老传统与伟大成就,以及波斯艺术的黄金时代。也许会让人觉得,波斯的平民百姓也沐浴在这个黄金时代之下,过着童话般的幸福生活。事实当然并非如此。当时的文化艺术只是一小群人专享,大众与之几乎绝缘。劳苦大众从来就是为了糊口而过着与动物无异的生活,一刻不得闲,因此又如何能考虑或者欣赏艺术文化呢?在波斯、印度、中国和意大利,艺术是如此繁荣,它们只是宫廷和富裕阶层的消遣。只有宗教艺术在一定程度上进入了普罗大众的生活。

崇尚艺术的宫廷并不等于政治清明。醉心于扶植文学艺术的君主,通常都既无能又残暴。和当时世界上大多数社会一样,波斯社会实行的也是封建制。君主只有足够强大,才能压制住封建领主的躁动。通常是勉强算得上善政的时代之后,一个暗无天日的时代接踵而来。

莫卧儿王朝在印度进入末期时,萨法维王朝也在1725年左右走向了终点。和往常一样,都是统治者自作孽不可活。封建制逐渐崩溃,经济状况一落千丈,旧制度摇摇欲坠。政府的重税导致民怨沸腾。阿富汗人首先爆发起义,不仅成功复国,而且占领伊斯法罕,罢黜了萨法维君主。不久后,纳迪尔沙将阿富汗人逐出波斯,1736年他在年幼的阿巴斯三世死后自己登上了王位,建立阿夫沙尔王朝。纳迪尔沙远征印度,在德里大屠杀,抢走了大量财宝,包括沙贾汗的孔雀王座。18世纪的波斯史,是一部内战频仍、统治者相互厮杀的苦难史。

19世纪的波斯又面临新困境。欧洲帝国主义的侵略扩张叩开了波斯的大门。俄国从北方向南蚕食,英国从波斯湾步步紧逼。波斯离印度不远,两国国境线也逐渐靠近,事实上今天的两国已经接壤。波斯正好位于通往印度的必经之路上。全力保护印度以及通往印度的要道是英国的一大国策。英国绝不可能眼睁睁看着强敌俄罗斯横跨此要道,对印度构成威胁。所以,英俄两国都在觊觎波斯这个弱国。各位沙阿(波斯国王)昏庸无能,不是与英俄两国发生冲突,进退失据,就是与本国人民为敌。要不是英俄两国陷入大博弈,互不相让,波斯早就被英国或俄国吞并,或会像埃及那样沦为保护国。

20世纪初,波斯因为另一个原因,而成为他国盘中餐。1901年,伦敦的律师兼商人威廉·诺克斯·达西(William Knox D'Arcy)以区区2万英镑得到了长达六十年的波斯石油勘探权。达西的投资数年后终于见效,在波斯发现了当时世界上最大的油田。达西的权益后来并入新组建的英波石油公司,波斯石油为国外的股东输出了巨大利润(其中最大的股东便是英国政府),只有一小部分收益归波斯政府。

波斯国王日益沦为帝国主义的工具，国内民族主义不可避免地开始抬头。1904年，日本在日俄战争中取胜，由于这是亚洲国家对欧洲强国的胜利，更由于沙皇俄国正是波斯虎视眈眈的恶邻，故而在亚洲另一边的波斯掀起了民族主义高潮。1905年俄国爆发革命，虽然革命最后被无情镇压，但也助长了波斯民族主义者的热情。1906年，焦头烂额的国王穆扎法尔丁·沙，被迫通过了一部民主宪法，成立议会（Mejlis），并把王权移交给儿子穆罕默德·阿里——波斯革命看起来成效卓著。

然而，新国王可不会答应自己大权旁落，俄国和英国也不喜欢波斯民主化，因为波斯的强大会给它们带来麻烦。国王穆罕默德·阿里和议会之间冲突不断，甚至出动军队捣毁议会，但人民以及开赴首都的费达依部队，站在议会和民族主义者一边，穆罕默德·阿里逃入俄国使馆。俄国和英国以保护本国国民等借口，调动军队，俄国派出可怕的哥萨克旅，英国则送来印度军队，由此恢复了恺加王朝的专制统治。

波斯民生凋敝，财政极度短缺。议会左支右绌，所有努力都因为英俄两国的反对而付诸东流。波斯政府只好向美国求助，委任美国人摩根·舒斯特为国库和财政部门顾问，以改革他们的财政体系。摩根·舒斯特尽己所能，无奈受俄国和英国重重掣肘，到最后，失望地拂袖而归。摩根·舒斯特后来在《波斯的斗争》一书中,生动讲述了英俄帝国主义是如何狠狠压榨波斯的。

看起来,波斯注定要失去自己的独立国家的身份。英俄两国迈出了第一步,它们已经划分势力范围,将波斯一分为二。重要城市都有英俄军队的驻扎。英波石油公司垄断了石油资源。波斯实在可怜,被一个大国吞并也许日子更好一些,这样它会对波斯更负责。

1914年,世界大战爆发。

波斯在战争中宣布中立,不过弱者的中立宣言是无足轻重的,被完全无视,列强军队在波斯进进出出,打打杀杀。一轮又一轮的战事中,波斯这片土地上永远是战火纷飞。英俄同属协约国,土耳其当时的领土包括伊拉克和阿拉伯半岛,是德国的盟国。1918年,英法领导下的协约国赢得了战争,波斯则完全被英国军队占领。英国马上就要宣布波斯为保护国(对波斯来说,这仅比正式吞并略有尊严),并且梦想建立一个从地中海到俾路支(巴基斯坦西部一沙漠地带,以伊朗、阿富汗和阿拉伯海为界)和印度的不列颠东方大帝国。沙俄消失了,取而代之的是苏维埃俄国,英国的"运气"也不好,原本的计划在土耳其折戟,因为凯末尔居然从协约国手中将土耳其解救了出来。

战后的一系列事件都有助于波斯的民族主义者,波斯至少在名义上保持了独立。1921年,礼萨·汗发动政变,控制军队,当上了首相兼国防大臣。1925年,议会宣布废黜恺加王朝,建立新的巴列维王朝,礼萨·汗加冕登基,称礼萨·沙阿·巴列维,成为巴列维王朝开国君主。

伊朗的民族复兴是延续两千年来的一大传统,它回望伊斯兰教到来前的光辉岁月,从往昔王朝那里汲取念力。礼萨·沙所选取的王朝名"巴列维",可追溯到古代。波斯人无疑是穆斯林(什叶派),但波斯人这一身份认同更强烈。整个亚洲,民族主义都在冒头,而在欧洲,这已经是一百年前的事情。如今在许多人眼中,民族主义这一信条略显老套,他们寻觅的是与现状更为契合的新信条。

从 1935 年起,伊朗成为波斯的正式国名。

偏离大革命

我们现在要回到欧洲,再次看一看 19 世纪欧洲大陆那诡谲万变的历史图景。前文讲述过欧洲的民主和科学,以及交通、大众教育和现代报纸领域的惊人革命。所有这一切构成了当时的欧洲文明,也即新生的布尔乔亚文明。这一布尔乔亚欧洲文明从一个胜利走向另一个胜利,攀登了一个又一个高峰,到 19 世纪末,该文明所迸发的巨大能量令整个世界包括欧洲自己为之目眩,直到最后灾难压顶。

英国乃至欧洲发生的这些惊天变革,19 世纪初的欧洲王侯无知无觉，完全没有意识到一股推动历史的新力量正在氤氲而生。除掉拿破仑之后，欧洲统治者最大心愿便是维持贵族统治千秋万代。他们还没有从法国大革命和拿破仑带来的恐惧中恢复过来，也不想历史重演，于是便组成神圣联盟，以拱卫"国王的神圣权利"，防患于未然。为了实现这个目标，专制统治与宗教像以往一样携起手来。俄国沙皇亚历山大一世是神圣同盟的精神领袖。当时的俄国还未从中世纪走出来，十分落后，全境几乎没有大城市，商业极不发达，甚至连手工业都拿不出手。专制有如脱缰的野马，丝毫不受约束。而在欧洲其他国家，情况迥异。一个人要是由东向西行进，会发现中产阶级越来越遍地开花。在英国，专制统治已经消失。专制统治的俄罗斯和寡头统治的英国之间有太多的不同，但有一个共同点，也就是对人民的恐惧，对革命的恐惧。

　　于是，欧洲反动势力占了上锋，凡是带有自由色彩的一切都被无情镇压。根据1815年维也纳会议的决定，许多国家，如意大利和东欧，被置于外族统治下，武力摆平一切。但这样的情形是不可能维持很长时间的，迟早有一天会出现乱局。欧洲像坐在火山口，岩浆随时喷发。我以前和你讲过1830年的欧洲动乱，最著名的是在法国，波旁王朝被彻底扫地出门。吓破了胆的欧洲王侯，极尽所能行镇压之事。

　　过去的战争，有时是宗教战争，有时是改朝换代，或一国对另一国的军事入侵。在战争的所有这些诱因背后，也经常藏有经济原因。中亚部落西进入侵欧洲，绝大多数情况下，是因为饥饿的驱赶。经济进步也使某一个民族和国家更富强，从而凌驾于别国之上。即便在欧洲等地所谓的宗教战争中，宗教因素也在背后起作用。战争不会绝迹，它变得越发凶险。只是现在，战争的原因明显是政治和经济方面的。政治原因主要在于民族主义：一国对另一国的凌辱，或者两大侵略国之间的冲突。而这样的冲突主要也是由于经济原因，比如对原材料和国际市场的争夺。

过去的革命通常是政权鼎革：统治家族成员互相厮杀，或是平民揭竿而起，推翻暴君，再或是军队哗变。这样的革命仅涉及到一小群人，与老百姓关系不大，老百姓也不太关心谁当国王。统治者变了，体制不变，老百姓的生活也一如既往。当然，暴君让臣民生不如死，而明君能体察民意。但是无论统治者是好是坏，老百姓的社会和经济状况却不太会受政治变迁太大的影响，因为社会整体并未发生革命。

一般的革命只能改变表面，社会革命则与之非常不同。社会革命既包含了政治革命，又不仅限于此，因为它改变了社会肌理。将议会置于崇高地位的英国革命，不仅仅是一场政治革命，但只是一定意义上的社会革命，因为它是富有的布尔乔亚与掌权者的联合。上层布尔乔亚由此在政治地位和社会地位上有极大的提升，但是下层布尔乔亚和劳苦大众则毫不相关。法国大革命的社会革命色彩更重，它打乱了全部的社会等级秩序，甚至普通民众一度掌权。布尔乔亚最终在法国夺得权力，普通民众被打回原形，但是特权贵族则已经被铲除了。

社会和经济状况不会等待那些无知无觉者，它永远在变化，哪怕世人的观念停滞不前。随着过时的观念和现实之间的距离越拉越大，整个体制出现罅隙，巨变在所难免，社会革命就这样被召唤而来。社会和经济条件到达一定程度，社会革命必然发生，虽然也许会因为旧观念而延宕一些时日。如果条件不允许，不管个人多努力，也不可能仅以念力就实现社会革命。

著名的现代作家

我早就想聊一聊文学话题。因为，使人读懂一个民族的灵魂的，往往是艺术和文学，而非大众的肤浅行动。艺术和文学将我们带入宁谧之思，不被瞬间的激情与偏见所扰。但是，诗人和艺术家在今天几乎不再被视为明日的预言者，光环早已消褪。即使得到世人的敬仰，也往往只是身后名。

歌德属于 18 世纪，因为他生于 1749 年，但他活到了 83 岁高龄，见证了 19 世纪的三分之一。歌德生活的年代,是欧洲历史上最为狂风骤雨的时代之一,他眼睁睁看着祖国被拿破仑军队铁蹄踏破。歌德的一生遭遇各种艰难困苦,但他用意志力扼住命运的咽喉,逐渐赢得了内心的平静与脱俗。拿破仑第一次召见他时,歌德已经年过花甲。歌德站在门口,脸庞与身躯散发着光芒,眼神与世无争,面容充满了尊严,拿破仑不由得赞叹:"真是一位人物!"

歌德涉猎广泛,凡着力之处,他必定做得出色非凡。他既是哲学家、诗人、戏剧家,还是一位科学家,对各门科学抱有浓厚兴趣,除此之外,歌德的实际身份是德国一个小公国(魏玛公国)的枢密顾问。作家是歌德在后世最隆盛的身份,《浮士德》是他最知名的作品。歌德在世时便已经名动天下,而在文学领域,德国人更是把他尊为神级名人。

与歌德同时代但略年轻的席勒,是一位伟大的诗人。更为年轻的大诗人海因里希·海涅,写下了许多优美诗篇。歌德、席勒和海涅,他们无一例外都迷恋古希腊的绚烂文化。

德国长久以来以盛产哲学家而著称,我在这里介绍两位,虽然你未必会十分感兴趣。哲学著作通常都艰涩难懂,只有那些对哲学话题极有热情的读者,才会读这些著作。但是,哲学家们高举思想之火炬,人们从中可窥见观念发展之轨迹。康德是18世纪德国的伟大哲学家,他以八十高龄活到了世纪之交。黑格尔是另一位德国哲学家,对共产主义之父卡尔·马克思了巨大的影响。

对哲学家的介绍,仅点到为止。

19世纪初,涌现了璀璨如群星的大诗人,尤以英国为甚。俄国最著名的民族诗人普希金也生活在这个时代,死于一场决斗。法国文坛也毫不逊色,我在这里只列举两位。维克多·雨果生于1802年,像歌德一样活到了83岁,也和歌德一样,在有生之年成为法国文学界的神级名人。雨果既是作家,也是一位政治家,早年曾是激进的保皇党,信奉独裁,后来立场逐渐发生变化,到了1848年,他走向共和立场。1851年,第二共和国总统路易·拿破仑发动政变,宣布帝制,雨果被迫流亡国外达19年之久。1871年,雨果对巴黎公社报以同情态度。绝大多数人,随着年岁的增加,会越来越保守、反动,雨果却走了一条完全相反的道路(从极右到极左)。不过我们这里关心的只是他的文学家生涯,雨果是一位伟大的诗人、小说家和戏剧家。

我想提到的第二位法国作家是巴尔扎克,与雨果几乎同时,但二人有着太多不同。巴尔扎克创作力惊人,在他短暂的51年生命里写下了大量作品。巴尔扎克笔下的故事环环相扣,人物经常出现不同故事中。巴尔扎克旨在用文字烛照出法国当时的生活,他将整个系列称为"人间喜剧"。这委实是一个野心勃勃的想法,虽然巴尔扎克日以继夜劳作,却未能完成他的宏愿。

歌德（1749—1832）

19世纪初的英国，有三位年轻人蜚声诗坛，他们生活在同一时代，也都在很年轻时与世长辞。这三位诗人分别是济慈、雪莱和拜伦。济慈命运蹇顿，1821年，26岁的他因肺结核在罗马病逝时，知者寥寥，但他留下的诗篇被誉为浪漫主义之典范。济慈的出身属于中产阶级，然而贫困始终是他生活中的一大障碍，由此可以想象，卑微者要成为诗人或作家是何其不易。

　　雪莱从年少时就充满了热情火焰，他拥抱一切意义上的自由。因为写了《无神论的必然》，入学不足一年就牛津大学开除。和济慈一样，雪莱以诗人应该有的活法渡过了短暂一生，他活在自己的想象中，活在半空中，完全不理会世俗的艰难困苦。济慈辞世一年后，雪莱在意大利海上覆舟淹死。我不必列举雪莱的名作，你完全可以自己找来阅读。不过在这里，我想抄写雪莱的一首短诗，这首诗并不是他最出色的作品，但它讲述了现时这个文明中工人的悲惨命运，无异于旧时的奴隶。这首诗写于一百多年前，然而却一点没有过时，它叫做《暴政的假面》。

自由是什么？你们能说清
哪些奴役有自由？而其真名
已经彻底变成
尔等自己心灵的共鸣。

干这种活，所得的钱币

只够维持每天的生计
为给专制君主效劳
而龟缩于单身囚笼,

以便你们为其制造
织机、犁、铲和屠刀,
为其保驾、供养而尽力
无论你愿意不愿意。

眼看着母亲和孩子们
憔悴消瘦弱不经风,
当冬季的寒风萧瑟、凄厉

我说话时,他们已奄奄一息。
如此饮食定会挨饿
当富人纵情于声色
扔给脚下卧躺的肥狗
其饮食过度,挑肥拣瘦;
任凭黄金的幽灵
盘剥千倍的劳作艰辛
胜过古老的专制苛政
曾经搜刮的财富黄金。
纸印的钱币
伪造的地契,你们紧握大地的遗赠
有价值的物品。
也许灵魂的奴隶

> 无强大的掌控能力
> 控制自己的意志,
> 却任凭他人摆布处置。当你们终于抱怨
> 以徒劳、脆弱的怨言
> 眼看暴君极其帮凶
> 欺凌尔等妇孺和弟兄
> 鲜血似露珠滚落草丛。

拜伦也曾写下自由赞歌,不过他赞美的是民族自由,而非雪莱作品中的经济自由。雪莱去世两年后,拜伦在希腊反抗土耳其的民族解放战争中,不幸遇雨受寒,一病不起。我对拜伦抱有成见,但又有同志之感,毕竟他所上的哈罗公学、剑桥三一学院也是我的母校。与济慈和雪莱不同,拜伦很早便轰动文坛,成为伦敦社交界的明星,虽然后来因其反抗姿态而不见容于伦敦社交界。

当时还有两位著名诗人,比三位短命的天才诗人长寿多了。华兹华斯,生于 1770 年,殁于 1850 年,享年 80 岁,他是英国最伟大的诗人之一。华兹华斯热爱大自然,他的许多作品都是自然诗;另一位柯勒律治也写出了不朽的作品。

19 世纪初也涌现出不少杰出小说家,沃尔特·司各特是其中最年长的一位,堪称历史小说之鼻祖。我小时候很喜欢读司各特,但长大后,阅读口味变化,现在的我肯定会觉得略显枯燥。萨克雷和狄更斯是小说领域的双星,在我看来,二位都远超司各特。萨克雷1811年生于加尔各答,五六岁之后才回到英国。他的不少作品对在印度发迹的英国人的刻画可谓丝丝入扣。

最后,让我用歌德《浮士德》中的一首诗来结束这一部分:

> 美丽的世界,
> 被你用强力的拳头
> 将它打坏;
> 世界已在倾圮、已在崩溃!
> 一位半神把它摧毁!
> 我们把这些碎片
> 运进虚无,
> 我们为这失去的美
> 而叹息。
> 世人中的
> 健儿
> 把它重建得
> 更加壮丽,
> 建设在你们的胸怀!
> 再以明朗的心神,
> 重新把人生的历程
> 安排,
> 听新的歌声
> 响彻九垓!

达尔文和科学的胜利

让我们从诗人转向科学家。诗人们在今天已经式微,但科学家却成为创造奇迹的大师,影响力极大,享有盛誉。19世纪前,科学研究在欧洲是要冒风险的,有时会以生命为代价。1600年,52岁的布鲁诺在罗马被火刑处死。若干年后,伽利略宣扬日心说而面临极大危险,他审时度势地道歉,收回之前言论,才得以逃脱被当做异端投入烈焰的刑罚。在欧洲,教会不能容忍科学,想法设法压制新观念。组织化的宗教,在欧洲或世界上其他任何地方,都有一些金科玉律般的教条是教徒必须全盘接受、不能有任何怀疑的。科学看待万事万物的方式不同于宗教,它从不自以为是,从不设定教条,它鼓励人们敞开心灵,以实验而抵达真理。预设上的截然相反,导致了科学与宗教必然频频发生冲突。

人类历史上早就开展过各种实验。在古印度,化学和外科医学已经相当发达,这肯定是积年累月实验之功。古希腊人也在一定程度上进行过实验。至于中国,我读到一份令人吃惊的材料,来自一千五百年前的中国古代,当时的中国人已经对进化论有一定了解,还知道血液在身体内的循环,名医甚至进行过截肢手术。但是这些都不足以形成任何结论,因为如果古代文明发现了试验方法,为什么他们的后人竟会完全忘记呢?

为什么这些文明没有在实验方面有大成就？还是因为古代文明视此类成就为雕虫小技？

阿拉伯人非常爱好实验，是中世纪欧洲人的仿效对象。但这些实验并不是真正意义上的科学实验。他们热衷于寻找"哲人石"，在复杂的化学实验里虚掷生命，只为了找到点石成金的秘密。他们还不眠不休地寻找长生不老药。无论哲人石还是长生不老药，从来没听说有谁真正炼成过。实际上，这是为了财富、权力和长生，而向魔法求助，这种做法与科学精神没有半点关系。科学是完全不同于魔法或巫术之类的。

真正的科学方法在欧洲逐渐生根发芽。科学史上，最响亮的名字非英国科学家牛顿莫属，他生活在1642—1727年间。牛顿发现了重力定律，也即说明万物为什么会往下坠落。在重力定律等一系列定律的帮助下，牛顿解释了太阳与行星的运动轨迹。牛顿定律解释了万物的运动，亚历山大·蒲珀曾用一句话来说明牛顿在科学史上的重要性：

> 大自然和大自然的法则藏匿于黑暗之中。上帝说，让牛顿出世吧！于是世界一片光明。

科学精神最终打败了教会的教条精神，从此科学快马加鞭，一往无前。科学家们专注于工作和实验，仔细收集事实与知识，特别是在英国和法国，后来德国和美国也毫不落后。科学知识由此不断积累。你也许还记得，18世纪的欧洲，理性主义在受教育阶层中普及开来。这是伏尔泰和卢梭等法国思想家的世纪，他们在各个领域都写下了鸿篇巨制，使人类心灵激荡起不可遏制的火焰。伟大的法国大革命便是在18世纪的子宫里孕育成形的。这一理性主义世界观与科学世界观是如此契合，二者都反对教会的教条式世界观。

19世纪可谓科学的世纪。工业革命，机器大革命，还有交通工具的惊人变革，无一不是拜科学所赐。工厂改变了生产方式。铁路和蒸汽船让全世界瞬时变小了。电报的发明简直像奇迹。旧观念摇摇欲坠，宗教领地越来越少。工厂生活，不同于田地里的耕作生活，使得人们想的更多是经济关系，而非宗教教条。

19世纪中叶的1859年，一本著作在英国出版，将宗教世界观与科学世界观之间的冲突推到最高潮。这就是达尔文的《物种起源》。达尔文不能算在伟大的科学家之列，因为他的著作并无新意。在达尔文之前，其他地质学家和自然学家已经在这方面进行研究，并搜集了大量资料。不过，达尔文《物种起源》却可以说是开创了一个纪元，问世之后如龙卷风一般，在改变全社会的世界观方面，可以说无出其右。不啻于造成了一场心灵大地震，达尔文由此闻名遐迩。

达尔文在南美和太平洋地区开展考察工作，搜集了大量材料和数据。达尔文运用这些材料，说明物种的变化发展是经由自然选择而来。直到当时，很多人还认为包括人在内的所有生物都是由上帝逐一创造,而且创世以来从未有过变化。达尔文用大量例证告诉我们,自然选择下的物种变化是再正常不过的。一个物种的某一微小变化,若对它有利,或者有助于它在生存竞争中赢过其他同类,就会逐渐永固下来,因为很明显,具有此变异的物种的存活几率更高。如此日积月累,便会产生全新物种。这便是"物竞天择,适者生存"的进化论。从动物到植物,乃至人类,无不适用于进化论。而根据达尔文的这一理论,我们今天看到的各种各样动植物也许有着共同的祖先。

十二年后的1871年,达尔文发表了《人类的起源》,将进化论运用于人类。现在的我们,基本上都接受了进化论和自然选择,虽然与达尔文及其后继者所提出的进化论略有出入。实际上,我们将自然选择原理人为地运用在动物、水果和花卉的培育上。现在的许多动植物都是新物种,是人工培育出来的。如果说人类可以在相对如此短的时间里操纵出这么多的物种变化和新物种,那可以想见,大自然在数以百万年计的漫漫岁月里能对物种进行何种刻画?

现在的我们看来几成共识的进化论,在19世纪却有如一声炸雷。当时,大多数欧洲人仍然对圣经中的创世说深信不疑,认为创世的时间在耶稣基督诞生之前的四千零四年,上帝先是分别造了植物和动物,然后造出亚当。他们深信不疑大洪水和诺亚方舟的传说。("你和你的全家都要进入方舟,凡洁净的畜类你要带七公七母,不洁净的畜类你要带一公一母,空中的飞鸟也要带七公七母。因为再过7天,我要在地上降雨40昼夜,把我所造的各种活物,都从地上除灭。")所有这些都与达尔文的理论相矛盾。达尔文和地质学家们认为地球的年龄可以追溯到亿万年前,而非短短的六千年。人们不知所措,旧信仰牵着他们往东,而理性又告诉他们要往西,脚底下仿佛再无坚固之物可凭恃,让人变得如此无助。但炸雷将人从昏睡中炸醒,功莫大焉。

就这样,科学与宗教之间冲突连连,孰胜孰负是注定的。工业生产和机器交通,无一不端赖于科学,科学因此取得了一程又一程的胜利,"自然选择"和"物竞天择"成为普通人的口头禅,尽管人们也许并不完全明白它们的含义。达尔文在《人类的起源》一书中提出,人类和某些猿类也许有着共同的祖先,但却无法用各个进化阶段的例证来一一证明。也由此,出现了"缺失的一环"这个广为人知的笑话。可叹的是,统治阶级扭曲了达尔文理论,将其为己所用,以此说明统治阶级的优越性。他们是生命竞赛中的佼佼者,因此经由自然选择而掌握了统治大权。达尔文理论变成了一个阶级统治另一个阶级,一民族统治另一民族的最堂皇理由。它也成为帝国主义和白色人种至上的最好辩护词。

达尔文的理论随后遭到了不少科学家的批判,但他的总体观点仍然是站得住的。这一理论被广泛接受,其后果之一便是让人相信进步观,也即,人类和社会是向着日益美好而前进的。进步观的形成,达尔文理论并不能独擅其功。科学发展的大趋势,带来了工业革命等一波又一波的进步,为人类的心灵接受进步观创造了条件。达尔文的理论毋宁说又是一明证,而人们也开始自我想象成向着人类最完美的状态前进,从一个胜利到另一个胜利。值得指出的是,此观念是一全新观念。无论在过去的欧洲还是亚洲,在任何一个古代文明中,均未有类似观念流行过。欧洲直到工业革命前,人们还是将过去视为理想时代。在他们眼中,古希腊和罗马时期(古典时期),比后世各个时代都更辉煌、更有文化、更美好。人类在不断堕落,或者充其量没有明显变化。

在印度,堕落说也大行其道,黄金时代属于往昔。印度神话以极长的时间单位来划分人类纪元(长得像地质时代),但通常是从萨提亚时代(Satya Yuga),一直到目前罪恶黑暗的迦梨时代(Kalı Yuga)。

所以我们可以看到,人类进步的观念是多么晚出。对于过去历史的知识,使我们开始相信进步观,但人类知识仍然是非常局限的,随着知识越来越全面,进步观也有可能退出历史舞台。即便今天,对于进步,人类已经不像19世纪下半叶那样盲目乐观。如果进步带领人类一路狂奔,并像在1910年代的世界大战中一样,造成互相杀戮,那这种进步肯定是有问题的。另一方面,达尔文"适者生存",并不必然意味着最优者生

达尔文(1809—1882)
创作者:John Collier

存。所有这些都只是学者的猜测。我在这里要指出的是，关于社会，无论是传统的循环静态观念，还是退化观念，都已经被19世纪的现代科学推到一边，以动态变化的社会观取而代之。人类社会在19世纪发生了惊天动地的变化。

19世纪以前所未有的速度日新月异，科学创造了一个又一个奇迹，各种发现与发明令人目眩。但与此同时，科学也使杀戮的手段不断升级。但这并非科学本身的罪过。科学帮助人类掌控大自然，但是无所不能的人类却不懂如何掌控自己。人类的错误行为，白白浪费了科学的馈赠。

但是科学的洪流还是滚滚向前。20世纪最伟大的科学家当属爱因斯坦，他在某种程度上成功修正了牛顿的理论。科学在20世纪的发展是如此迅疾，科学理论发生了重大的修正和转变，科学家自身都为之瞠目结舌。科学家失掉了原有的自满，他们现在对于自己的结论以及对于未来的预测都小心翼翼。但这是20世纪的情况，19世纪时，科学带着数不清的成就，让人类敬之为神。

民主的发展

以上简要介绍了19世纪的科学进步之后，让我们来了解一下19世纪的另一大特征：民主观念的发展。

你也许还记得18世纪法国的观念之争。法国当时最伟大的思想家伏尔泰和其他作家勇敢地挑战了关于宗教和社会的众多旧观念，并大胆提出新观念。当时，这些政治思想基本上还限于法国境内。在德国，哲学家们更感兴趣的是深奥的哲学问题。在英国，商业贸易繁荣，大多数英国人忙着做生意，并没有养成思考的习惯，除非环境所迫。然而，18世纪下半叶，有一本巨著在英国问世。这就是亚当·斯密的《国富论》(1776)。

《国富论》非关政治本身，而是论述政治经济学或曰经济学。这门学科，和当时所有其他学科一样，与宗教和伦理学交缠在一起，因此带来许多混乱。亚当·斯密以科学方式处理经济学，将附着在它之上的所有伦理因素剥离，试图发现到底是哪些自然法则在支配着经济学。经济学这门学问，关心的是如何管理一国总收入和支出，人民生产和消费的关系，以及和别国之间的关系。亚当·斯密认为，所有这些复杂的现象，都受《国富论》中所提出的自然法则的支配。他还指出，工商业的发展应得到完全的自由，对自然法则不强加任何干涉。这就是我在上文提到的自由放任主义。亚当·斯密的《国富论》与当时兴起于法国的民主新观念并无关联。不过，他尝试以科学方式来回答人类最重要的问题之一，不再以神学立场看待任何问题，开辟了一条为学的新方向。亚当·斯密被誉为经济学之父，启发了19世纪的许多经济学家。

经济学这门新学科局限在知识阶层,而民主观念却如星星之火,呈燎原之势,美国和法国的革命将民主观念播撒在人间。美国的《独立宣言》和法国的《人权宣言》力透纸背,影响深远,二者都申言:人人生而平等,造物主赋予若干不可让与的权利,其中包括生存权、自由权和追求幸福的权利,为数以百万计的受压迫者带来福音般的好消息。

欧洲传统的基督教观点认为,生而为人,便难以逃脱罪恶和痛苦的命运。宗教看似给这个世界的贫苦者和悲惨者赐以永恒的福地,宗教的承诺是在彼岸世界。而在现实生活中,人们被告知应忍受命定的遭遇,不要痴心妄想改变命运。社会鼓励慈善,把面包屑施舍给穷人,但无人想到要去除贫穷或去除导致贫穷的制度。自由平等观念完全与教会的专制主义观念背道而驰。

当然,民主并不意味着所有人实际上平等。不用说,人和人之间有太多不平等:身体上的不平等,于是有人更强壮;心智上的不平等,于是有人更聪明能干;道德上的不平等,于是有人更加大公无私。这许多不平等很有可能是教育的不平等或缺乏教育导致的。身体心智各方面条件相似的两个儿童,一个接受良好教育,另一个没上过一天学,数年之后二者的思想谈吐,差别立判。或者一个儿童有均衡的膳食,而另一个常常饿肚子,前者会长得很结实,后者则发育迟缓,病快快。人的生长和教育环境能造成如此大的差异,如果我们能给每个小孩以平等的教育和机会,人和人之间不平等将空前得到减少。

民主观念承认人与人实际上有种种不平等,但每个人都应该被视为具有平等政治和社会身份。如果我们全盘接受这一民主理论,必然会得出各种天翻地覆的结论。很明显的结论之一,便是每个人都有选举政府议会代表之投票权。选票是政治权力的象征,如果人人都有投票权,便平等拥有政治权力。19世纪,民主的基本诉求就是普选权。成人普选权意味着每个成年人都有选举权。女性长期没有普选权,后来发起了轰轰烈烈的争取普选权运动,英国是其策源地。如今,绝大多数发达国家都实现了不分男女的普选权。

18世纪的英国在政治观念方面是比较落后的,但受到了美国和法国革命的深刻影响。影响之一,便是对民主观念和社会革命的巨大恐惧。统治阶级日益保守反动,但新观念在知识阶层中扩散开来。

托马斯·潘恩是这一时期特别值得一书的一位英国人。美国独立战争时,潘恩身处新大陆,对美国独立助力甚多。他在一定程度上是北美殖民地从英国独立出来的促进者之一。返回英国后,潘恩写了《人的权利》一书,捍卫刚刚爆发的法国大革命。他在书中猛烈攻击了君主专制,并为民主摇旗呐喊。潘恩因此受到英国政府当局的迫害，不得不于1792年9月逃亡法国。在巴黎，他受到了法国人民的热情拥戴，甚至当选为法国国民议会代表。但由于反对处死路易十六，潘恩被雅各宾派投入大牢。在狱中，他写下又一部名著《理性的时代》，抨击宗教的世界观。罗伯斯庇尔死后，潘恩出狱，英国当局鞭长莫及，但潘恩的英国出版商却因《理性的时代》而坐牢。这本书被视为洪水猛兽，因为宗教是让穷人安于本分的必要之存在。潘恩此书的多位出版商（包括女性）被抓了起来，大诗人雪莱还为此给法官写了一份抗议信。

法国大革命是19世纪上半叶席卷欧洲的民主观念之源泉，历史条件急剧变化，民主观念仍然在坚守。实际上，民主观念反映的是思想家与君主、专制的对抗，以工业化之前的历史条件为基础。新生的工业时代彻底颠覆了旧有社会秩序，然而19世纪初的激进派和民主派未看到这些变化，还是停留在大革命和《人权宣言》的语境中。也许对他们而言，社会变迁仅仅是物质层面的，并未影响到较高层面对民主的精神、道德和政治诉求。于是在这里，我们看到让人放弃旧观念，接受新观念是如何之难。人们就是充耳不闻，闭目不见，甚至为旧观念而战，无论如何就是不愿意接纳新观念，适应新形势。保守的力量实在惊人。即便那些激进派，想象自己有多么进步，也经常抱残守缺，闭目塞听。无怪乎进步为何会如此缓慢，现状和观念之间往往有巨大沟壑，导致革命爆发。

民主承载着法国大革命的传统与观念，无法适应新的历史形式，这导致 19 世纪末民主观念的式微，而到了 20 世纪，甚至遭到许多人的厌弃。

早期的民主派很自然地倾向于理性主义。他们追求思想与言论的自由，誓不与教条式的宗教和神学妥协。于是，民主与科学齐心协力，将神学教条推倒在地。人们开始敢于审视圣经，将之视为一部并不需要无条件盲目接受其所述一切的普通书籍。对圣经的这种批判被称为高等批判（Higher criticism），其结论为：圣经是一部由不同时代多人撰写而成的文献汇编。还有批评家指出，耶稣原本并无意创建一门宗教。这些批判让许多旧信仰者心惊胆战。

随着宗教的旧基础被科学和民主观念严重削弱，有识之士开始构想一种能取代宗教的哲学。法国哲学家孔德（1798—1857）便是这样一位开拓者。在孔德看来，旧有的神学和宗教已经过时，他认定社会还是需要某种意义上的宗教，于是创立了一门"人道教"，并称它为"实证主义"。这一宗教以爱、秩序和科学为核心，并无超自然的存在，完全以科学为基础。而藏在它背后的，则是人类进步的观念，这与 19 世纪几乎所有观念都并无二致。孔德的人道教仅仅成为少数知识分子的宗教，但他对欧洲思想的影响则相当深远。他可以说是开创了社会学学科，专门研究人类社会与文化。

英国哲学家、经济学家穆勒(1806—1873)与孔德同时代,但年寿较长。穆勒颇为服膺孔德的学说与社会学观念。他尝试给由亚当·斯密创立的英国政治经济学指出一条新方向,并为经济学思想注入一些社会学原则。不过,穆勒留名于后世,主要在于他是功利主义的主要代表。功利主义(Utilitarianism)是一门全新的理论,稍早产生于英国,由穆勒将其发扬光大。

从功利主义一词的字面意思就可以看出来,功利有用,是它的指导哲学。"最多数人的最大幸福"是功利主义者的基本信条,也是对与错的唯一检验标准。某一行动,如果能带来幸福就是合宜的,如果带来幸福的反面,就是不合适的。社会和政府应根据如下标准建立起来:促进最多数人的最大幸福。这一观点与最早的民主观点(每个人的平等权利)不太一致。最多数人的最大幸福,有时候需要一小群人付出牺牲或者不幸福。我在这里仅仅向你指出二者的区别,不准备深入解释。民主因此逐渐意味着绝大多数人的权利。

在民主观念方面,穆勒是个人自由的热情提倡者。他写过一部短小精悍的传世名著《论自由》(1859)。我从该书中摘取一段关于言论自由的文字:

> 迫使一个意见不能发表的特殊罪恶,乃在它是对整个人类的掠夺,对后代和对现存的一代都是一样,对不同意于那个意见的人比对抱持那个意见的人甚至更甚。若那意见是对的,那么他们是被剥夺了以错误换真理的机会;若那意

见是错的,那么他们是失掉了一个差不多同样大的利益,那就是从真理与错误冲突中产生出来的、对于真理更加清楚的认识和更加生动的印象。……这里的论点有两个:我们永远不能确信我们所力图关闭的意见是谬误的;即便我们确信,要关闭它也仍然是一个罪恶。

以上我列举了20世纪西欧的数位重要思想家,从中可以看到民主观念如何兴起并成为思想世界的里程碑。不过这些思想家(大而言之,早期的民主派),其影响其实局限在知识阶层,仅仅从知识阶层点滴渗透到其他阶层。虽然普选权等寥寥几项,民主观念对大众的直接影响甚微,但其间接影响则不可限量。

随着19世纪的推进,工人阶级运动和社会主义逐渐兴起,当时民主观念与之产生了相互影响。有人将社会主义视为民主的替代物,也有人认为它是民主不可或缺的一部分。民主主义者头脑中充斥的都是自由和平等,以及每个个体的幸福权,但他们不久意识到,将幸福立为基本人权,幸福也不会自动翩然而至。忍饥挨饿的人谈幸福是种奢谈。人们不禁会思考,幸福取决于财富在人际的更好分配。这种思考将通向社会主义,我们下一封信会细说。

19世纪上半叶的受奴役国家,民主与民族主义携起手来,争取民主。意大利的朱塞佩·马志尼(1805—1872)就是一位典型的民主主义爱国者。后来,民族主义逐渐丢失它内在的民主性格,而变得越来越富有攻击性，越来越专制。国家变身而为上帝，接受国民顶礼膜拜。

社会主义

上一封信谈到了民主的发展，这是一场艰难硬仗，因为既得利益者并不希望社会变革，他们极尽可能地抗拒变革。然而，我还要再提醒你一遍，民主观念在19世纪上半叶仅局限在知识阶层。普通民众受到工业化的强烈影响，从田地来到了工厂。工人阶级在壮大，挤在卫生状况极差的工厂里。工厂林立的镇子通常离煤田很近。工厂的条件极差，工人所住的小屋更加惨不忍睹。儿童和妇女每天工作时长令人发指。通过立法以改善工厂和工人住宅的各种努力，都被工厂主无情地抗拒。他们的借口为：这是对财产权的不当干涉。甚至强制对私人住宅安装卫生设备，都以这理由遭搁置。

英国曼彻斯特的众多工厂主中，出现了一位人文主义者，极为同情工人的遭遇。这个人叫罗伯特·欧文。他在自己的工厂里进行了多项改革，改善工人的工作条件。欧文在工厂主内部引起大骚动，他也试图通过摆事实讲道理，说服其他工厂主仿效他的做法。英国议会通过保护工人权益的第一部法案，以抵御雇主的贪婪与自私，欧文功不可没。这部法律便是1819年的《工厂法案》，法案规定9岁儿童在工厂的每日劳动时间不可超过12小时。

据说正是欧文，在1830年左右第一个使用"社会主义"这个词。无可讳言，财富在贫富阶层之间的更平均分配从来并不是一个新观念。从古到今多少人都曾有过类似主张。在上古时代，存在着某种意义上的共产主义，整个社群或村庄共同拥有土地等财产。这被称为"原始共产主义"，我们可以在包括印度的许多地方找到它。但全新的社会主义不是一种平均化的浮泛想法，它有着明确内涵。首先，它特指工厂制度下的产品。因此，可以说社会主义是工业制度之子。欧文的构想是建立工人合作社，工人在工厂中拥有股份。欧文在英、美创办了多个样板工厂和试验社区，颇见成果。但是，欧文未能说动其他工厂主和英美政府。无论如何，欧文在他所身处时代的影响非常巨大，他给了"社会主义"这个词以生命。

资本主义工业在这一时期无往而不胜，工人阶级的问题也越来越明显。资本主义造出越来越多的产品，可以养活更多人，人口亦随之快速增长。垄断企业在不同门类中壮大，压垮了各类小企业。财富涌入英国，但其中的绝大部分用来开办新企业或建铁路等。工人们为了争取更好的待遇，纷纷罢工，都以失败而告终。40年代爆发了轰轰烈烈的宪章运动，在革命之年——1848年，该运动被残酷镇压。

资本主义的胜利光芒让人眩晕,也给国家飞速带来财富,但还是有一些怀有先进观念的激进者或人文主义者,对于资本主义你死我活的竞争及其引起的民疾民瘼感到十分不满。在英、法和德,不少替代方案被提出,并统统被归在社会主义、或社会民主主义名目下,这些名目用词虽不同,但意思类似。改革者有一个共识,即问题的症结在于私有制。如果能够实现国有制,或者至少土地和大型企业实行国有化,工人就不会有被剥削之虞。但是,资本主义制度在当时如日中天,还不到溃败之时。

这些社会主义的构想者通常是知识人,或者像罗伯特·欧文那样的工厂主。工人们组织工会运动,以争取更好的工资等待遇,工会运动很自然受到社会主义构想的影响,而它反过来也对社会主义的发展起到重要贡献。在英、法、德这三个欧洲主要工业国家,社会主义根据本国工人阶级的力量和特征,以不同方式发展起来。从整体上而言,英国的社会主义较为保守,并对演进式发展情有独钟。欧洲大陆的社会主义则较为激进。美国的情况有所不同,因为国土面积大,对劳动力的需求旺盛,所以工人运动长期并没有多少发展。

在欧洲大陆,出现了一种拥护者甚众的新信仰,这就是无政府主义。对于那些对它一无所知的人来说,无政府主义这个词听上去颇为可怕。它指的是这样一个社会:不要中央政府,尽可能多地保障个体自由。无政府主义是非常之高蹈的：这是一个理想共同体，无私、团结以及主动尊重同人权利。美国思想家梭罗如是说：

> 最好的政府是根本不进行治理的政府。当人们做好准备之后，这样的政府就是他们愿意接受的政府。

无政府主义看来是个非常美好的理想：每个人的绝对自由，彼此尊重，无私，齐心协力。但是现实世界，充满了私欲和暴力，实在是离这个理想太遥远。无政府主义者之所以期待无政府的社会，或者管得最少的政府，是有见于专制政府对人民的欺压。举目望去，苛政猛于虎，所以干脆不要政府。无政府主义者还认为，某些社会主义制度下的国家，其自身也会成为一种暴政。无政府主义者是一种另类的社会主义者，他们无比珍视地方自治和个体自由。许多社会主义者将无政府主义视为一个遥远的理想，同时认为在一定时期内，强大的中央政府是社会主义所必需的。由此，纵然社会主义和无政府主义有诸多差异，但二者也有不少共同点，并逐渐接近乃至重叠。

平心而论，无政府主义不能算是一场组织得很好的运动，因此并无可能像工会运动一样在工业国家形成气候。英德两国的无政府主义者人数不多，不过工业落后的南欧和东欧，形成了无政府主义滋生的沃土。而随着现代工业向南欧和东欧推进，无政府主义也越来越气若游丝。今天，无政府主义基本上已经名存实亡，只存活于像西班牙这样的非工业国家。

非政府主义理想可谓非常崇高，但它不仅给对现状不满者提供想象空间，而且也给自私者暗行自利之事以伪饰。它带来某种暴力，于是造成人们在内心深处将非政府主义和暴力两词画上等号，导致无政府主义的信用破产。因为没有能力如其所想的那样整体改造社会，于是有些无政府主义者决定以让人瞠目结舌的方式进行宣传。这就是著名的"以行动代宣传"，大无畏的无政府主义者以实际行动抵抗暴政，付出生命为代价。多地发生无政府主义的骚动，结果都被无情镇压。这样的暴力骚动只是表明了越来越多的虚弱感和绝望感，无政府主义运动最后如烟消逝。

美国内战

旧世界的冲突与诡计，国王与革命，仇恨与民主主义，已经占据了我们太多的篇幅。现在让我们将视线越过大西洋，来到美洲新大陆，看一看在挣脱了欧洲控制之后，这里的进展如何。

美国值得我们留意。美国独立以来不断进取，目前似乎已经成为主宰世界局势的超级大国。如今的英国不复当年勇，不再是借款给全世界的债权国，反倒和欧洲其他国家一样成为向美国伸手的债务国。美国摇身一变成为风光的债权人，并源源不断产出数目惊人的百万富翁。

1776年，北美十三个殖民地从英国独立出来时，人口统共约四百万。今天的纽约一座城人口就是这个数字的两倍。美利坚合众国各州如今远超十三个州，国土扩展到太平洋沿岸。19世纪，美国蒸蒸日上，不仅表现在于国土与人口，而且在于她的现代工商业、财富及影响力。美国建国后，曾经历过许多艰难时日，也曾与欧洲国家兵戎相见，但最严峻的考验当属南北内战。

美国的南方和北方，从一开始就有存在巨大分歧。北方以工业为主，大机器工业飞速扩张，而南方主要是以奴隶为劳动力的种植园。蓄奴合法，但北方并不流行也不需要奴隶，南方则全然依靠奴隶劳作。当然，奴隶的来源是非洲的黑人，白人是不可能成为奴隶的。《独立宣言》中那句"人人生而平等"好像只适用于白人。

不久以后，来自北方的废奴呼声越来越响亮。废奴主义者的主要领导人是威廉·劳埃德·加里森。1831年，加里森创办了一张激进的废奴主义报纸《解放者报》。在这份报纸的发刊词中，加里森表明立场：绝对不会在这个问题上妥协，也别指望他采取中庸态度。发刊词中的不少段落如今已成名句，我摘录一部分下来给你：

真理是无情的，为此我也无情；正义是毫不妥协的，为

此我也毫不妥协。在奴隶问题上,在我的思考中、在我的语言中、在我的文章中,将没有中庸可讲!没有,绝对没有!试想,你看见一间着火的房子,你能发出一个中庸的警报吗?你能让丈夫中庸地去救他的妻子吗?你能让母亲中庸地抱出火海中的孩子吗?今天的问题就是这样,请不要劝我采取中庸之道。我是诚恳认真的,我不会模棱两可,我不会推脱,我将寸土不让,我要让人们听到我的声音。

这样一种决绝的态度只限于一小群勇猛之士。大多数反对奴隶的人,并不想亲身趟这趟浑水。不过,由于经济兴趣不同,南北方之间越来越呈紧张之势,尤其在关税问题上冲突不断。

1860年,亚伯拉罕·林肯当选为美国总统,共和党首次执政。林肯的当选,为南方独立发出了一记信号。林肯反对奴隶制,但即便如此,他还是澄清这一点:不会干涉南方的现存制度。他只是不希望看到在新加入美国的各州,奴隶制被引进并成为合法制度。对于林肯这一息事宁人做法,南方并不悦纳,于是南方各州接连退出联邦。美利坚合众国正在分崩离析。这就是林肯总统要面对的危险局势。

为了挽回南方各州,林肯不惜拍胸脯保证,奴隶制不会被废除,甚至将南方各州的蓄奴权利写进宪法。为了和平,林肯愿意做更多妥协,但有一点是他绝对不可能答应的,那就是国家的分裂。各州无权退出联邦。

林肯阻止内战的努力付诸东流。南方还是最终决定独立，南方11个州先后退出联邦，宣布成立"美利坚联盟国"，并且选举杰斐逊·戴维斯为总统。

1861年4月，美国内战爆发，耗时四年之久，兄弟相残，朋友为敌。无论从人口还是财富上，北方都占优势。北方的制造业和工商业发达，各种资源更丰富，铁路四通八达。南方则有优秀的将士，特别是李将军，所以内战早期，南方频频获胜。但南方通往欧洲市场的商路完全被北方海军切断了，棉花烟草只能堆在种植园里，无法出口。这是对南方的沉重一击，与此同时这也使英国的兰开夏遭无妄之灾，因为没有原材料，那里的许多工厂只能停工，工人纷纷失业。

英国的民意，尤其是富裕阶层的民意，是较为同情南方一边的，而持激进观点者则站在北方一边。

奴隶制并非内战爆发的主要原因，正如我告诉你的那样，林肯当时甚至已经做出让步，决定在蓄奴地区尊重现状。真正的原因在于南北方之间有着不同的经济利益，冲突越来越大。即便在内战爆发后，林肯都未曾对奴隶制发表过明确表态，只因为担心激怒那些支持奴隶制的北方人。随着战事的推进，林肯心里有数了，他向国会提议：还奴隶自由，同时给奴隶主以一定补偿。后来，林肯又一改原来的补偿想法，1862年9月，林肯总统发布《解放黑人奴隶宣言》。宣言中规定，从1863年1月1日起，南方各州的黑奴"永远获得自由"，"可参加合众国军队"。北方之所以有此举措，可能意在削弱南方。根据这份宣言，四百万奴隶获得了自由，无疑将对南方联邦造成很大麻烦。

南方彻底被拖垮，美国内战于1865年结束。战争是如此可怕，而内战则更为狰狞残酷。四年内战，总统林肯背上如有千钧，而北方能最后获胜，也很大程度上取决于林肯在艰难困阻下，虽千万人吾往矣的那份坚毅。林肯不仅誓在打赢内战，而且尽可能地释放出最大善意，使得美国成为众心归一的合众国，而非武力维持的合众国。所以内战结束后，林肯对战败的南方宽厚以待。但很不幸，南方投降后的第五天，林肯就在华盛顿福特剧院被一名支持奴隶制的狂热分子枪杀。

林肯是美国人心中最崇敬的总统之一，也在世界历史中写下壮伟之名。他出身贫苦，没接受过正式的学校教育，在工作中自学成才，成长为一名大政治家、大演讲家，带领自己的祖国度过了重重危机。

林肯遇刺后，美国国会对南方白人就不像林肯那样客气，南方白人遭惩罚，被暂时剥夺了普选权。而黑人则得到了完全的公民权，并且写进宪法。宪法规定，对于任何种族肤色的公民，各州不得剥夺其普选权。

黑人在法律自由了，并且有了投票权，但他们的经济地位还是未改善。被释放的奴隶，头无片瓦遮身，下无立锥之地，这实在是个很棘手的社会问题。一些黑人搬到北方过活，大多数还是留在南方，仍旧处于前东家的股掌下，在以前的种植园里工作，拿着微薄的工

林肯(1809—1865)
创作者：George H. Story

资。南方的白人也组织起来以恐怖主义想方设法在各方面压制黑人。半秘密组织3K党（Ku Klux Klan）就是这么成立的，其成员带着面具袭击黑人，甚至阻止黑人参与投票。

内战结束后的几十年来，黑人生存状况得到了不少进步。有些黑人住上了自己的房子，手头有积蓄，得到了良好的教育，但总体上而言还是属于被歧视的族群。黑人占美国总人口的约十分之一，饭店、旅馆、教堂、大学、公园、海滩、电车甚至商店里，他们都被隔绝在白人之外。坐火车的时候，黑人只能坐在特别车厢，这种车厢叫做 Jim Crow Cars。法律禁止白人与黑人通婚，各种奇葩的法律层出不穷，比如1926年，弗吉尼亚州通过一项法律，禁止白人和有色人种坐在同一楼层！

爱尔兰与英国的冲突

让我们再次横渡大西洋，从新大陆回到旧大陆，我们眼力所及的第一片土地应是爱尔兰。所以就把爱尔兰作为第一站吧。这座绿意盎然的岛屿位于欧洲最西面，来自大西洋的风亿万年来吹拂着它。爱尔兰是座边陲小岛，远离世界历史的主流，然而这是一个充满故事的地方。几百年来，为了民族自由，爱尔兰人表现出了不屈的勇气与牺牲精神。与强邻英格兰的抗争，开始于七百五十年前，时至今日仍未停歇！

我们在上文中看到了英国帝国主义在印度、中国等地的肆行妄为。爱尔兰从近一千年前就开始面对这位虎视眈眈的恶邻，然而它从未屈服过，几乎每一代人都有过反抗英国的民族起义。为了自由，爱尔兰人战斗到最后一滴血流尽。大量爱尔兰人离开自己深爱的故土，移居到别国。面对英国对爱尔兰的统治，许多爱尔兰人为了抗争，主动加入与英国开战的别国军队。爱尔兰人流散在世界各地，但无论到哪里，他们始终都有一颗爱尔兰心。

生活不幸的个人，被压迫的国家，所有那些在当下生无所恋的人们，都喜欢回望过去，将旧日放大美化，在往事中找到慰藉。现实充满灰暗，过去就成为一个解百忧的避风港。这种回望的国家风气，并不是一种健康现象。健康的人，健康的国家，会专注于当下，展望未来。但是，不自由的人或国家，是不可能健康的，所以往回看，生活在过去中，也便是很自然的事情。

爱尔兰人珍视过去的记忆，牢牢记住祖先争取自由的无数次斗争。他们回望一千四百年前，当时正是公元 6 世纪，爱尔兰是西欧的学术中心，吸引许多远方学子前来求学。当罗马帝国覆灭，汪达尔和匈奴人摧毁了罗马文明，爱尔兰的文明之灯仍然孤悬，为欧洲后来的文化复兴保留微光。基督教很早就来到了爱尔兰，引入者据说是爱尔兰的民族圣人——圣帕特里克。正是以爱尔兰为立脚点,基督教传播到了英国北部。爱尔兰的许多修道院成为学术中心,经常公开授课。修道士们从这里出发,在北欧和西欧向民众传播基督教。在这里,修道士们勤勤恳恳誊写抄本,并配上精美插图。都柏林圣三一学院所藏的《凯尔经》,写于一千两百年前,据说是世界上年代最久远的手抄本新约圣经。

从公元6世纪起的两三百年时间,这一段时期被视为爱尔兰的黄金时代,他们的盖尔文化达到顶峰。也许,年代的久远,给过去涂上了光芒,使过去变得更加俊伟光明。其实,当时的爱尔兰四分五裂,各个部落相互厮杀。爱尔兰的弱点,和印度一样,在于不停的内耗。然后,北欧的维京人杀过来了,就像在英国和法国一样,他们在爱尔兰烧杀抢掠,占领了大片领土。11世纪初,有一位叫布莱恩·博茹(Brian Boru)的爱尔兰国王,打败维京人,统一爱尔兰,但他死后不久,国土再度四分五裂。

你也许记得公元11世纪,威廉一世带领诺曼人征服英格兰,开辟诺曼王朝。一百年后,这些盎格鲁—诺曼人入侵爱尔兰,英国人在爱尔兰唯一控制的地区叫做pale,包括都柏林和其附近地区。英语中有习语beyond the pale,指不在某一特权社会群体中,出典便是这里。

1169年的这次盎格鲁—诺曼人入侵给了古老的

盖尔文明沉重打击，也成为英国与爱尔兰长期战争的开端。两国之间的战争延续了数百年，野蛮血腥之极。英国人把爱尔兰人看成半开化的蛮夷。在爱尔兰，有英国来的盎格鲁—撒克逊人，也有爱尔兰凯尔特人。后来随着宗教改革，英国人和苏格兰人成为新教徒，爱尔兰人仍忠实于罗马教廷。于是，盎格鲁—爱尔兰战争又演变成为种族与宗教战争。英国人处心积虑地防止两大民族融合，甚至出台法律禁止英国人和爱尔兰人通婚（《基尔肯尼规约》）。

一场起义接着又一场起义，全部被英国人无情镇压。爱尔兰人当然对侵略者恨之入骨，只要一有机会，甚至在绝望中也要创造机会发动起义。有一句习语叫做"英国之难，爱尔兰之幸"，无论出于政治还是宗教原因，爱尔兰都经常站在英国的敌人一边，如法国和西班牙。这无疑让英国人恼羞成怒，感觉自己后背遇刺，反过来也强化了对爱尔兰的铁腕政治。

伊丽莎白一世时期，为了让爱尔兰人别再永不消停地叛乱下去，英国人想出了一招：将英国地主安插到爱尔兰。由于土地被充公，爱尔兰的旧地主阶级不得不让位给英国地主。就这样，爱尔兰实际上成为一个受英国地主统治的农民国家。几百年后，对爱尔兰人来说，这些地主仍旧是外邦人。

受尽盘剥的爱尔兰佃农只能以土豆作为主要食粮，他们以土豆为生，就像今天的印度农民一样，竟无半点余粮。他们挣扎在生存边缘,已经没有半分力气再造反。1846年土豆歉收,造成了大饥荒,在这种情况下,佃农因为交不出地租而被地主扫地出门。大批爱尔兰人离乡背井,逃往美国等国家,爱尔兰几乎成为一座荒岛。许多土地无人耕种,成为牧场。

耕地撂荒,变成羊群遍野的牧场,这一过程在爱尔兰持续了百年。主要原因还在于英国纺织业繁荣,需要大量羊毛作为原材料。工厂越是开足马力生产,就需要购进越多的羊毛。对爱尔兰地主来说,土地用来养羊显然比种土豆利润更大。牧场几乎用不到什么工人,充其量雇几位羊倌。农民无地可种,被赶出家园。在爱尔兰这个已经变得地广人稀的国家,失业率总是居高不下,人口减少现象便愈演愈烈。爱尔兰沦落为一个仅仅向工业化的英国输送原材料的地区。

1798年全国大起义之后,一百多年来,爱尔兰几乎未有大的叛乱。19世纪的爱尔兰和之前几百年间迥然不同,好似分外"祥和",但这绝不是因为爱尔兰人满意现状,而是由于大饥荒和人口下降,民生凋敝,爱尔兰已经气若游丝。在某种程度上,19世纪下半叶,爱尔兰人也寄希望于在英国议院的爱尔兰议员能为本土做点事情。不过,爱尔兰人仍旧保持了不断造反的传统,他们认为只有这样才能使爱尔兰的精魂永保活力,不被扼杀。

沙皇俄国

19世纪的俄国,是欧洲大陆最落后最保守的国家。在俄国,沙皇的专制统治畅通无阻。发生在西欧的革命与变迁未能渗透进俄国,君权神授那一套仍然牢不可破。俄国的东正教来自于东罗马帝国的正统教义,与天主教和新教有很大区别。俄国的东正教会专制到不可思议的程度,是沙皇政府的工具。这个国家自称为"神圣俄罗斯",沙皇是"万民之父",教会与当局将这些玄乎其神的传说灌输给百姓,转移他们对政治和经济现状的不满。教会与当局以神圣为外衣,结成了神圣同盟,在历史上屡见不鲜。

"神圣俄罗斯"的典型象征可用两个关键词来概括:knout 和 pogrom,这两个词也是沙皇俄国贡献给世界的。knout 是用来抽打农奴的一种鞭子,而 pogrom 则指的是大清洗,有组织的迫害,特别是对犹太人的大屠杀。沙皇俄国的腹地是孤寂的荒野西伯利亚。与西伯利亚联系在一起的,是流放、监禁与绝望。不计其数的政治犯被送往西伯利亚的多个流放营,流放营附近则是自杀者的坟茔。孤独的长期流放和监禁,是常人所无法忍受的,许多人因此精神和身体彻底垮掉。与世隔绝,远离亲朋好友以及共同奋斗并分担压力的同志,能在这样的环境中坚持下来的,只能是内心极为强大与宁静的大勇之人。在沙皇俄国，谁胆敢昂起头争取自由，就必定遭灭顶之灾。国家严厉控制人口流动，以防止自由观念从国外乘虚而入。但是被压制的自由，其反作用力是极大的，一旦它开始启动，就必定如滚滚车轮向前，将阻挡它的一切障碍无情碾碎。

让我们首先来温习一下历史。14世纪末，在莫斯科大公领导下，俄罗斯王公将蒙古人赶出家园。之后，莫斯科大公逐渐成为这个国家的独裁者，并自称为沙皇（即恺撒）。俄罗斯人的眼界和习惯很大程度上被蒙古化，与西欧迥异，因此被西欧视为野蛮民族。1689年，沙皇彼得登基，这就是著名的彼得大帝。这位彼得大帝决心师法西欧，他长途跋涉，亲身去往欧洲各国考察。纵然无知的俄罗斯贵族万般不情愿，彼得大帝决心以雷霆之手段，将西化观念推广开来。他发现当时的欧洲强国都有强大的海军，立刻意识到海上力量的重要性。俄罗斯虽然幅员辽阔，却除了紧邻没用的北极洋之外，并无出海口。于是，彼得大帝向西北方向的波罗的海，以及向南方的克里米亚推进。吞并克里米亚半岛的伟业留给了后来的沙皇，但彼得大帝成功击败瑞典，夺得波罗的海的出海口。彼得大帝还在涅瓦河畔，紧靠芬兰湾的地方新建了一座城市，取名圣彼得堡，作为通往波罗的海的门户，并以此为新首都，表明与莫斯科的旧传统一刀两断。1725年，彼得大帝与世长辞。

半个多世纪之后的1782年，又一位沙皇志在西化俄国。这次是一位女皇,她就是叶卡捷琳娜二世,也是俄罗斯历史上仅有的两位大帝之一。叶卡捷琳娜二世是一位不世出的女子,能力非凡,为人冷酷,并且私生活方面绯闻不断。1762年,她率领禁卫军发动政变,除掉丈夫彼得三世而登大位,从此统治俄罗斯十四年。她提掖文化,并与法国文豪伏尔泰通信交友。她把凡尔赛的法国宫廷做法照搬过来,并引进了不少教育改革。但这些举措只停留在上流社会,仅是为了装点门面。文化是无法立刻原封不动搬过来的,它必须要扎下根,才能开花结果。落后的俄罗斯,想学习发达国家的文化,结果只能是得其形而遗其神。西欧的文化,是奠基在特定社会条件之上的。彼得大帝和叶卡捷琳娜二世,忽略了改造俄国的社会经济状况,仅仅想移植上层建筑,是以改革带来的重担都堆积在老百姓身上,实际上强化了农奴制以及沙皇的独裁统治。

在沙皇俄国,点滴进步都伴随着汹涌的反作用力。俄罗斯的农民与奴隶无异,被束缚在土地上,没有特别允许不得离开。教育只局限在官员和知识分子,而官员和知识分子又出身土地乡绅。在这里,没有中产阶级,老百姓都是文盲,极其落后。历史上,因暴政发生过多次血腥的农民起义,结果都被无情镇压。

先是法国大革命,然后又是拿破仑崛起,在这一时期,西欧新观念,通过受过一些教育的社会顶层,慢慢渗透到俄国。拿破仑的倒台给全欧洲造成连锁反应,

彼得大帝像

沙皇亚历山大一世与欧洲王侯结成"神圣同盟",他是这股反动势力的领头羊。而继任者尼古拉一世更为丧心病狂,1825年,一些知识贵族和年轻军官策划发动政变,政变者都属于地主阶级,得不到老百姓或军队的支持,这就是流产的"十二月党人起义"。这次起义是俄国政治觉醒的首个信号。由于公共政治活动遭沙皇政府禁止,在"十二月党人起义"时,俄国就出现了不少秘密政治会社,起义失败后,这些秘密会社继续活跃,革命思想也开始传播,特别在知识分子和大学生中影响颇大。

克里米亚战争中,俄国败北,俄国因此励精图治,进行了一些改革,比如1861年废除农奴制。然而这一跨时代的大事件却并未给农民减轻多少负担,因为农奴在获得自由后,并未分配到足够糊口的土地。与此同时,沙皇政府越是压制,革命思想在知识圈传播得越是炽烈。不过,进步知识分子和农民之间并无交集,所以在70年代早期,带有模糊而且理想化的社会主义倾向的进步学生,想在农民中进行政治宣传,数千名学生来到乡村。农民对此一无所知,完全不相信学生,甚至怀疑学生们在密谋恢复农奴制。于是,农民把许多学生抓起来,交给沙皇警察!所谓脱离群众,空中起楼阁,这就是一个活生生的例子!

在农民那里惨败而归,对知识学生来说实在是巨大的打击,绝望中的他们采取了恐怖主义做法,也就是到处扔炸弹，或者刺杀当权者。这就是俄国恐怖主义的起源，也是炸弹崇拜的开端，革命活动由此进入了一个新阶段。这些参与恐怖活动的革命者，自命为"炸弹自由主义者"，并给他们的组织命名为"人民意志"。"人民意志"这个组织名实在有些言过其实，因为其成员自始自终只是一小撮。

革命者团体和沙皇政府之间冲突不断，随着被压迫族群和少数民族成员的加入，造反阵营越来越壮大。当局对被压迫族群和少数民族极为冷遇，不允许他们公开使用自己的语言，并且以多种方式凌辱他们。

在革命思想传播的同时，俄罗斯的领土扩张也没有停下脚步，它不断向东，最后推进到太平洋。在中亚，逼近阿富汗边境，并南下与土耳其接壤。从19世纪60年代开始的另一个重大发展，在于西方工业的兴起，这仅仅局限在彼得堡周边、莫斯科等小范围内，整个俄罗斯还是以农业为主。不过，新建的工厂都是当时最先进的，并且通常由英国人在管理。由此产生两个后果，第一，俄国资本主义在小范围内飞速发展，工人阶级也相应壮大。正如英国资本主义早期那样，俄国工人也遭到残酷剥削，几乎要日夜连轴工作。但英俄之间也有很大差异。在俄国，社会主义和共产主义新思想纷飞，俄国工人深受影响。而英国工人身上传统力量巨大，因此相对保守，仍然倾向于旧思想。

新思想开始凝结成形，成立了以马克思哲学为指南的"社会民主劳动党"。"社会民主劳动党"的这些马克思主义者反对恐怖主义行径。根据卡尔·马克思的理论，工人阶级要觉醒，要行动，只有群众运动才能实现此目标。用恐怖行动炸死几个恶人，并不能使工人阶级行动起来，因为目标是推翻沙皇制，绝非仅仅刺杀沙皇或几个大臣那么简单。

19世纪80年代，一位叫做弗拉基米尔·伊里奇·乌里扬诺夫的年轻人在校期间就参与了革命活动，他就是后来举世闻名的列宁。1887年，他才十七岁，遭到了人生的一次沉重打击。哥哥亚历山大这一年因参加谋刺沙皇亚历山大三世而被捕，同年5月20日被杀害。经历过这次人生打击之后，列宁曾说，恐怖主义是换不来自由的，"我们不走这条路"，唯一的办法只能是发动群众。他坚强地继续学业，出现在期末考试的考场，并取得了优异成绩。正是这样一位钢铁意志的年轻人，在三十年后缔造并领导了俄国十月革命。

世界大战：1914—1918

1914—1918年，持续四年的世界大战，血洗了整个欧洲以及亚非部分地区，数百万人付出年轻的生命。关于这场大战，我该写些什么呢？战争从来不是轻松的思考对象，它丑陋无比，但时常被涂上亮色，得到世人颂扬。有人说，国家民族往往因贪图享乐而松懈腐化，真金需要淬火，陷入疲沓的国家民族在战争历练下，其精神能为之振奋。舍生取义的事迹一再被宣扬，就好像战争是这些品德之母一样。

我在上文中已经检视这场大战的若干原因：工业国的贪婪本性，帝国主义列强间的对抗，决定了冲突是不可避免的。各国纷纷卷入大战，将袖豪赌，年长的政客代表自己的阶级，年轻人被送上战场厮杀。这些年轻士兵中的绝大多数，以及参战国的平头百姓，对于战争的起因一无所知。他们的死活不会为在位者所顾，不管战事胜败，他们注定要为战争买单。这是一场有钱人以年轻人的性命为赌注的赌博。如果老百姓没有做好上战场的准备，战争也不会如此轻易打响。在每个欧洲大陆国家，都实行了强制兵役法，不过人民要是一心抵制的话，兵役法也无法推行下去。

由此，交战政府开足马力激发老百姓的爱国热情，斥敌国为"侵略者"，假装所做作为皆出于自卫。德国号称被虎视眈眈的敌国包围，指责俄国和法国入侵。英国将参战的原因渲染得无比正义，说是为了保护遭德国粗暴侵略的小国比利时。所有交战国都将自己美化成正义使者，把所有责任都推到敌国身上。老百姓被忽悠，认定国家处于危难之中，必须上战场捍卫自由。报章杂志尤其擅长制造战争气氛，煽动对敌国人民的刻骨仇恨。

这股歇斯底里的浪潮汹涌而来，冲决一切。老百姓被煽动是比较容易的，但是交战国的知识界人士，这些本该冷静的思想家、作家、教授、科学家，也都丧失理智，"杀红了眼"，对敌国人民恨之入骨。神职人员本该是维护和平的中坚力量，却也像旁人一般嗜血。连反战主义者和社会主义者，几乎无一例外，也把自己的原则抛到九霄云外。交战国几乎所有人都像中邪一样，只有极少数人拒绝歇斯底里，不愿被这一战争狂热给感染。这些人遭奚落，被叫成懦夫，甚至有人因为拒服兵役而被拘捕。这一小部分清醒者中，有些是社会主义者，有些是宗教人士，比如反战立场特别坚定的新教贵格派。

大战打响以后，各国政府都将战争当成压制真相、传播谎言的大好时机。公民的个人自由也遭挤压。另一方的消息被全面封锁，国民只能偏听一面之辞，市面上充斥了经常是扭曲甚至满篇荒唐言的报道。以这种方式愚民非常容易。

即便在和平年代，报章上狭隘的民族主义宣传和歪曲报道也层出不穷，欺骗大众。战争被推上神坛。在德国，或者说在普鲁士，自皇帝威廉一世开始，将战争神化的做法就成为君王的统治哲学。博识多闻的著作纷纷出版，来为这一哲学背书，证明战争是一种"生物学上的必要"，也就是说，它对于人类生命和进步是不可或缺的。德国皇帝频频出镜，在镁光灯下，他总是摆出一副冷酷之姿。不过在英国等其他国家的军界以及上层圈子里,类似的观念也大行其道。罗斯金是一位深受圣雄甘地喜爱的 19 世纪英国重要作家。[4] 罗斯金无疑有一颗高尚的心灵,但他在书中如是说:

> 简而言之,我发现所有伟大国家都从战争中学到语言的真理和思想的力量,在安乐中则是空蹉跎;受教于战争,受骗于和平;战争锻炼你,和平背叛你。总之,真可谓生于战争,死于安乐。

为了说明罗斯金是一位多么赤裸裸的帝国主义者,我再征引一段他的文字:

> 英国要么动手,要么消亡,没有第二条路可走:她必须找到殖民地……将她所能踏上的每寸丰饶的荒地据为己有,教导其殖民者他们的首要任务是通过土地和海洋以增强英国的势力。

我还要引用另一本书中的话,其作者曾担任英国陆军少将。他指出,打胜仗只有依靠处心积虑地造假、说谎,舍此之外,别无他途。在他看来,公民要是"拒绝接受这些做法……就等于有意背叛自己的同志和部下","唯有被视为最可鄙的懦夫"。"道德?不道德?国家前途未卜时,这些字眼毫无意义。"一个国家"必须出击再出击,直到将对手一拳击毙"。我敢说,罗斯

---

4 罗斯金(John Ruskin, 1819—1900)是维多利亚时代伟大的艺术家,人称"美的使者",他一生为"美"而战斗。

金能写出同样的文字来!

不过请别误以为这是对英国民众的公允刻画,德国皇帝的虚夸之语也并非代表了普通德国人的心声。可惜的是,持以上偏颇看法者往往握有权柄,而在战时,他们几乎无一例外地走到了历史前台。

过于直白的话通常不会在公开场合说,战争也被披上了假圣洁的大氅。于是乎,在欧洲和其他地区方圆数百公里的战场上,血流成河,国内却编造出冠冕堂皇的言论为杀戮辩护,欺骗民众。这是一场为了自由和荣耀的战争,一场"结束所有战争的"战争;战争捍卫民主与独立,保障弱小民族的安全等等。同时,金融家、企业家和军火制造者安坐于后方,利用这些宣传让年轻人甘上战场抛头颅,自己则算盘一打,黄金千两,大发战争财。

这场大战旷日持久,将一个又一个国家拖入战火。交战双方都通过秘密行贿想将中立国争取到己方阵营。此类贿赂若是公开,将会使在位者所高标的理想和冠冕堂皇的言辞瞬间原形毕露。

兵燹之厄日复一日,月复一月,人命源源不断地被送入这架战争绞肉机。随着战事的进行,它越来越具破坏力,越发血腥。德国引入毒气战,接着交战双方都用上了毒气。飞机在空中打击方面发挥了巨大用途,随后英国方面率先推出坦克,这种庞大的机器怪兽隆隆推进时能将一切夷平。前方军士百战死,后方的妇孺饥寒交加。尤其是在德国和奥地利，因为被封锁，饿死人的情况愈发严重。战争成为一种对极限承受力的考验，谁能撑得越久，谁就告胜出。到底是协约国的封锁会压垮德国人的精神？还是德国的潜水艇战会让英国挣扎在饥饿生死线上，直至意志消沉、无心恋战？每个交战国都伤痕累累，付出了数不清的生命和伤痛之代价。民众疑惑，难道所有这些牺牲都将付诸流水？我们难道要忘记为国捐躯的亲人，向敌人投降？战前的和平岁月已经如此遥远，甚至战争的起因也被忘记，唯一盘桓在民众心头的只有对复仇和胜利的渴望。

死者的呼声为大，毕竟他们为了所珍视的事业而付出生命。但凡有点灵魂的人，谁能抗拒死者的呼声？在大战的最后岁月里，黑暗无处不在，交战国的每个家庭都尝遍苦痛、疲惫与幻灭。但是除了将火炬高高举起，还能再做什么？

请读一读《佛兰德斯战场》这首诗，它的作者约翰·麦克雷是一位来自加拿大的英联邦军医。[5]

> 我们是死者，几天以前
> 我们活过，倒下，看过夕阳的光
> 我们爱过，也被爱过，我们倒在
> 佛兰德斯原野上

---

[5] 《在佛兰德斯战场》(In Flanders Fields) 由约翰·麦克雷中校 (John McCrae, 1872—1918) 所作。1915 年 12 月，这首诗发表在英国双周刊 *Punch* 上。如今，佛兰德斯战场盛开的红罂粟成为全球国殇纪念日佩花。

第一次世界大战期间英国的战争宣传画

继续我们的纷争吧
从我们垂死的手上
接过火炬
并高举
如果你们背弃信仰
辜负死去的我们
我们将无法安息
纵然罂粟花开放
在佛兰德斯原野上

战火的持续下，交战各国的兽性被不断激发，摧毁了许多人的道德感，也把大量正常人变成泯灭人性的动物。民众已经习惯于暴力，习惯了事实真相被刻意扭曲，心中充满仇恨和复仇烈焰。

战争伤亡情况如何？我给你一组数字，让你感知一下现代战争意味着什么。下面这张表格列出了这场大战的总体伤亡情况：

已知死亡士兵数	1000 万
推测死亡士兵数	300 万
死亡平民数	1300 万
受伤人数	2000 万
罪犯数	300 万
战争孤儿人数	900 万
战争寡妇人数	500 万

| 难民数 | 1000万 |

看看这些触目惊心的数字，试着想象一下在这些数字背后的人类苦难。把这些数字相加可以得出：战争伤亡人数接近4600万。[6]

战争实际开支几何？人们还在计算！根据美国的一项研究，协约国一方的总开支为40,999,600,000英镑，超过400亿英镑；德国耗费国帑15,122,300,000英镑，超过150亿英镑！这些数字和我们的日常生活差得太远，就像从地球到太阳或群星的距离一样，实在是一个天文数字，无法使我们对它有完整的概念。无怪乎，所有被卷入战争的国家，无论是战胜国还是战败国，始终无望地在战争后遗症中苦苦挣扎。

一场"结束所有战争"、捍卫世界民主、保障弱小民族自由的战争落下帷幕。英法美意及其卫星国（俄国因十月革命而当然不在其列）取得了胜利。"结束所有战争、捍卫世界民主、保障弱小民族自由"这种种高蹈理想如何化为现实，我们拭目以待。与此同时，我们也应一再吟咏英国诗人骚塞关于英国历史上另一次稍早胜仗的诗句：

"人人都对公爵大加颂扬

---

[6] Robert Ergang, *Europe In our Times, 1914 to the Present* (1953), p.86. "第一次世界大战中的死亡人数超过了自1789年法国大革命爆发以来所有欧战死亡人数的总和。根据估算，在总共动员6500万士兵里面，有850万人被杀或死于疾病，伤者超过2100万。另外，大约有900平民的死因与战争有关。"

是他赢得了这场伟大胜利。"

"但这究竟有什么好处呢?"小皮特金打断他的话。

"这我也说不清,"他喃喃自语,"但那是一场著名的战役。"

布尔什维克革命

早在1914年,俄国的城市工人阶级就已经觉悟,再度成为一支革命力量,政治罢工四起。大战到来之后,工人们被纷纷送往前线当兵。列宁及其同人(大多数人被流放在国外)从一开始就持反战立场,没有像其他国家的大多数社会主义者那样被战争迷了双眼。他们称这场大战为一场资本主义的战争,与工人阶级无关,除非能以此得到自己的自由。俄国军队损失惨重,可能是所有参战国最仓惶的。俄国的将领无能至极,士兵们装备简陋,经常缺少军需品也无支援,被白白推到敌人面前送死。在彼得格勒(即圣彼得堡)[7]等大城市,投机者又大发战争财。这些"爱国的"投机者当然大声疾呼要将战争继续到底。对他们来说,战争永远不结

---

[7] 1914年第一次世界大战爆发后,俄国与德国互为敌国,俄国遂用斯拉夫语表示城市的"格勒"取代来自德语的"堡",圣彼得堡被改名为彼得格勒。

束才最好呢！但是，士兵，还有工人和农民（都是士兵的后备人选）已经精疲力竭，腹中空空，满是怨言。

沙皇尼古拉二世相当昏庸，受皇后摆弄，而皇后亚历山娜脑子也很糊涂，只是性格比较强势。两人周围的近臣奸邪无能，无人敢于抗颜直谏。一名叫做格里高利·拉斯普丁的神棍，通过皇后，成为沙皇身边的大红人。格里高利年轻时是个农村里的无赖，还做过偷马贼，被同村人称为"拉斯普丁"（意思是脏狗）。他在三十多岁的时候从事神棍生涯，披上神圣外衣，以所谓苦修为业。正像在印度一样，在俄国，这也是一个很容易来钱的行当。他蓄起了长发，名声鹊起，连皇宫里都知道他。沙皇的独子从小就罹患先天性血友症，拉斯普丁让皇后相信他能治愈皇太子。尼古拉二世夫妇着了他的道儿，他们双双被这个从西伯利亚远道而来的神秘人物迷住了，从此拉斯普丁得宠而干预朝政，他生活放荡糜烂，收受巨额贿赂，但却左右朝政多年。

所有人都被这事恶心到了，甚至温和派和贵族也私底下表示不满，宫廷政变（以此强行逼迫沙皇改变现状）的谣言四起。尼古拉二世独揽军权，却把事情弄得一团糟。1916年12月29日，几位皇室成员联合把拉斯普丁弄死了。他们邀他共赴晚宴，然后逼他自杀，拉斯普丁不肯，他们就动手射杀了这位神棍。拉斯普丁的死，让人额手称快，但是随之而来的却是沙皇秘密警察的镇压。

危机不断升级。

彼得格勒发生了饥荒和暴乱。1917年3月初（俄历2月），经历了漫长苦难的工人们中，突如其来爆发了一场革命，彼得格勒50家工厂约13万男女工人举行罢工和游行。第二天，参加罢工示威的群众增加到20万。从3月8日到12日，短短五天革命就取得了胜利。二月革命并非宫廷政变，甚至不是一场顶层人士精心策划的有组织革命。这是一场来自底层的革命，由受压迫最甚的工人所发动，无计划甚至无领导人，就这样如潮汹涌而来。各个革命党团，包括当地的布尔什维克党，也都是在无意识中被裹挟前进，并不知道如何领导这场革命。普罗大众自己发动了革命，当驻扎在彼得格勒的军队倒戈之际，胜利的天平便偏向了群众。

不要误认为这些革命群众像过去历史上经常出现的农民起义那样，只是一群破坏一切的无组织暴民。二月革命有一个重要现象，那就是有史以来，首次由工人阶级领导了一场革命。虽然当时并无卓越领导人参与其事（列宁等人或逃亡或系狱），但这些工人中有很多接受过列宁政党的革命教育。不知名的工人成为这场革命运动的脊梁，带领着它步入正轨。

彼得格勒取得革命胜利后，莫斯科也紧随其后。农村关注着事态发展，农民们慢慢接受了变局，但并无革命热情。对农民来说，最紧要关心两件事：分到土地，不要再打仗。

在这惊天动地的日子里,沙皇去哪了?他不在彼得格勒,而是在位于莫吉廖夫的大本营指挥作战。尼古拉二世身为俄军总司令,本该是军中坐镇指挥。但大势已去,沙皇忽然之间成了阶下囚。强大的沙皇,俄国的独裁者,让百万人为之颤抖的尼古拉二世,被扫进"历史的垃圾桶"里。曾经伟大的制度,一旦完成历史使命,崩溃之快令人瞠目结舌。当听说彼得格勒发生工人罢工和暴乱,沙皇宣布实行戒严。这一命令是俄军总司令所发出,但在彼得格勒并未得到公告或张贴,因为已经没有人站在沙皇一边!国家机器已经完全失灵。尼古拉二世却仍蒙在鼓里,想回彼得格勒。铁路工人在半路上把他的专列拦下来。身处彼得格勒城郊沙皇村亚历山大皇宫的皇后,给尼古拉二世发出一封电报,被电报站原封不动退回,并附有一张铅笔写的便条:"收件人下落不明。"

前方的将军们,还有彼得格勒的自由派领导人对革命发展感到忧心,希望不要天下大乱,于是恳请沙皇能自愿逊位。尼古拉二世见大势已去,被迫于3月15日让位给其弟米哈依尔。第二天,米哈依尔也宣布退位。就这样,统治俄国长达304年的罗曼诺夫王朝彻底退出了历史舞台。

贵族、地主、中上层阶级,甚至自由派和改革者,都万分恐惧地看待工人阶级带来的破坏。当他们所凭恃的军队也倒向了革命,令这些人在工人阶级面前深感无力。他们也不知道哪一方会最终胜出，因为沙皇完全有可能与在前线的军队合谋，卷土重来，成功镇压这次革命。于是，一边是沙皇，一边是工人，两边都让他们焦虑万分，如坐针毡。国家杜马代表了地主和上层布尔乔亚，它也一定程度上受到工人们的尊敬，但它非但没有在这场危机中表现出应该有的领导力，反而如热锅上的蚂蚁，无半点作为。

与此同时，苏维埃也成立了。除了工人代表之外，士兵代表加入进来，新成立的苏维埃占据了彼得格勒塔夫利达宫的一翼，——这里曾是杜马所在地。工人与士兵充满革命热情，但有一个问题随之产生：该如何运作苏维埃？

这时，列宁回到彼得格勒，并于1917年4月17日在全俄工兵代表苏维埃会议上作报告。大战期间，列宁一直住在瑞士，听闻革命爆发，便热切想回国。如何能成行呢？英法两国是不会允许他过境的，德国和奥地利也一样。最后，德国政府出于自己的小算盘，同意让以列宁及其家人为首的第一批革命党人搭乘一辆不允许任何人上下车的德国专列从瑞士直达俄国边界。德国人当然希望看到，反战的列宁回国后，能反制俄国的好战力量，德国由此受益。他们没想到的是，这场当时前景尚不明朗的革命，会撼动欧洲乃至整个世界。

列宁对此却心如明镜。抵达俄国的第一天，他就批评了布尔什维克党，指出在千钧一发的此时，革命党人肩负何种责任。他的发言有如一道道鞭子,让人疼在身上,但却起到了振奋人心的作用。他说,"我们不是江湖骗子。我们只能根据群众的觉悟程度办事。即使因此而不得不处于少数地位,也只好如此。可以暂时放弃领导地位,不要害怕处于少数"。列宁始终坚持原则,不愿意妥协。革命已经随波逐流许久,此时终于有了领导人。真可谓时势造英雄。

使布尔什维克区别于孟什维克等其他革命团体的到底是什么?列宁回国前,当地的布尔什维克党为什么会裹足不前?为什么苏维埃掌握权力后,没有推翻保守落后的杜马?在这里难以深入回答这些问题,但如果要理解1917年彼得格勒和俄罗斯连续发酵的大变局,我们就必须对上述问题进行一些思考。

卡尔·马克思对人类变迁与进步的理论,是以取代过时的旧社会形态的新社会形态为基石的。技术生产方式不断提高,社会的经济和政治组织也逐渐跟上。这是通过剥削阶级和被剥削阶级之间的持续斗争而实现的。在西欧,旧的封建阶级让位给了在英法德等国把持经济政治结构的布尔乔亚,而布尔乔亚也会让位给工人阶级。在俄国,封建阶级仍然掌权,那场将西欧布尔乔亚推向权力的变革尚未发生。因此,大多数马克思主义者会认为,俄国也会经由布尔乔亚议会阶段,然后最终抵达工人共和国的阶段。在他们看来,中间阶段是不可逾越的。列宁自己在1917年二月革命前,曾经制定了权宜之策,即先来一场布尔乔亚革命,与农民合作(不反对布尔乔亚),共同对抗沙皇和地主阶级。

因此,布尔什维克、孟什维克和所有马克思主义信仰者,心系的始终是依照英法模式建立一个布尔乔亚的民主共和国。在苏维埃会议中居于领导地位的工人代表也持此见解,因此苏维埃才没有大权独揽,反而将权力拱手交给杜马。这些人,就像我们所有人一样,受到了自己教条的奴役,看不到新形势已经出现,继续调整既定政策以适应之。群众的革命性远远比不上领导人。控制了苏维埃的孟什维克甚至提出,工人阶级直接目标只是实现政治自由,因此不应该再生事。布尔什维克只得勉强附议。

列宁的到来,使得一切有了转机。接下来将是工人阶级在贫苦农民的合作下反对资本主义,争夺统治权的一场硬仗。布尔什维克高举三大口号:(1)民主共和国,(2)土地收归国有,(3)工人八小时工作制。这三大口号马上转化为工人农民的斗争现实,因为对他们而言,这并非空泛的理念,而是意味着生活与希望。

列宁为布尔什维克制定了如下政策:将大多数工人到争取布尔什维克一边,然后夺取苏维埃;又为苏维埃制定了从临时政府夺取政权的目标。列宁没有号召马上进行第二次革命,他强调的是先赢取大多数工人和苏维埃,一俟时机成熟再推翻临时政府。对于那些希望与政府合作的人,还有背叛革命的人,列宁严厉与

列宁（1870—1924）
创作者：彼得罗夫·沃特金

之作斗争。对于想在时机成熟前推翻现政府的头脑发热者，列宁也进行了严厉批评。

1918年7月，俄国形势发生了惊人变化。布尔什维克周围的网逐渐在收紧。德国从南边的乌克兰威胁俄国，羁系在俄国的大量捷克斯洛伐克战犯在协约国的怂恿下，向莫斯科推进。世界大战仍然在法国西线如火如荼，但在苏维埃俄国，协约国与德国竟不约而同开始镇压布尔什维克。我们再度看到阶级仇恨是如何烈于民族仇恨。列强并没有正式向俄国宣战，它们找到了许多骚扰苏维埃的办法，最臭名昭著的便是鼓动反革命领导人，给他们送去枪支弹药还有金钱。于是，不少沙皇时代的将领开始投入反苏维埃的战斗。

尼古拉二世一家被囚禁在俄罗斯东部乌拉尔山附近的叶卡捷琳堡，受当地苏维埃看管。捷克军队推进到这一地区，当地苏维埃极受惊吓，担心沙皇被营救出来，成为反革命的核心。1918年7月16日深夜，尼古拉二世家族包括仆人近10人被看管他们的布尔什维克秘密警察赶到地下室，使用机关枪扫射集体处决。苏维埃中央对此应该不知情，列宁从国际政策和人道主义角度考虑都是反对处决沙皇的。但无论如何，苏维埃中央面对木已成舟的事实，最后也默许了。这一事件对协约国政府是一大刺激，也使之更加不遗余力地要镇压布尔什维克。

8月，局势更加恶劣。两大突发事件带来了愤怒、绝望和恐怖。一是列宁险遭暗杀,一是协约国在俄国北部阿尔汉格尔登陆。莫斯科大受震动,苏维埃的末日看起来就在眼前。莫斯科当时也四面楚歌,被德军、捷克军和反革命俄军包围。莫斯科周边受苏维埃控制的区域寥寥可数,而协约国军队的登陆看似即将给苏维埃画上句号。布尔什维克几乎没有军队可用。1918年3月3日,苏俄曾在列宁领导下与德国签订《布雷斯特—立托夫斯克和约》,放弃了包括波兰、立陶宛、乌克兰和波罗的州在内的大片土地。此时距和约签订还不到五个月,大多数军队都分散在全国各地。莫斯科此时布满眼线,布尔乔亚公开表示乐见苏维埃垮台。

降生才九个月的苏维埃共和国处于生死存亡关头。布尔什维克发誓战斗到死。就像年轻的法国共和国曾经在一个多世纪前做到的,布尔什维克破釜沉舟,终于战胜了敌人。此时,不再有宽容,不再有仁慈。全国都处于戒严状态,9月初,中央苏维埃宣布实施红色恐怖。"处死所有叛国者,对外国侵略者的无情战争。"这是一场苏维埃对抗全世界,对抗国内反动势力的战争,也开启了"军事共产主义"时期的序幕,整个国家成为一座大围城。所有力量都用来建设红军,由托洛茨基全权负责。

苏俄在重重困难中取得了胜利,堪称一大历史奇迹。这是怎么做到的呢?毫无疑问,如果协约国能联合起来镇压布尔什维克,苏维埃一定早就失败了。在打垮德国之后，协约国终于能腾出兵力对付苏维埃，但军队已经精疲力竭，不愿意再次投入一场对外战争。工人们对新俄国无疑抱有同情，协约国政府也担心如果向苏维埃公开宣战，会在国内惹麻烦。当时的欧洲似乎处于革命的边缘。第三，协约国之间也存在明争暗斗。大战结束后，彼此争吵不息。上述这一切都有力地阻止了协约国联合扑灭布尔什维克的决心。协约国尽可能不露痕迹地让别人去打仗，自己出钱、出武器，提供参谋意见，想当然地认为苏维埃一定撑不了多久。

这些都帮了大忙，苏维埃有充裕的时间来壮大自己。但苏维埃的胜利，也并非完全借助于外部环境。俄国人民的信念、勇气以及大无畏牺牲精神，是胜利的源泉。其实毋庸讳言，这些人民原本懒惰无知，意志力薄弱，难成大事。自由是一种习惯，一旦被长期剥夺，就会忘记自由的滋味。俄国工人农民几乎没有实践自由的机会。俄国革命的领导人以极高的政治技巧，将散沙一般的俄国人凝聚成一个强大有组织的国家，对使命充满信仰，对自己极为自信。高尔察克等白军将领之所以被击败，不仅在于布尔什维克领导人的能力与决心，还在于俄国农民不堪忍受白军。在农民们看来，白军代表的是旧秩序，要来抢走新分配给他们的土地等，因此农民们坚决抗争到最后一口气。

列宁居功至伟。在俄国人民眼中，他成为了神一样的人民救星，是希望与信仰的化身，力挽狂澜，一往无前。托洛茨基是第二位人物（如今已垮台），他本是一名作家兼演说家，并无半点军事经验，如今却在重重封锁与内战中缔造了一支无坚不摧的红军。托洛茨基英勇过人，经常亲自在前线出生入死。如果其他人临阵退缩，或者不遵守纪律，托洛茨基是绝对不会手软的。在内战最关键的时期，他曾发布这样一条军令：

> 任何单位，如未接命令而临阵退却，先枪毙党代表，再枪毙指挥官，挑选最勇敢的士兵顶替位置。懦夫、叛徒，格杀勿论。着红军各部、一体凛遵，是为切嘱切要。

军令如山，托洛茨基说到做到。

列宁于1924年1月21日撒手人寰，如今他已成为俄国乃至全世界的传奇。彼得格勒更名为列宁格勒，几乎每个俄国家庭里都有一个列宁角或挂着列宁画像。

不要以为列宁是一架不近人情的工作机器。列宁无疑专注于自己的工作以及人生使命，但他也是一个活生生的人，具有人的一切特质，也能开怀欢笑。英国特使布鲁斯·洛克哈特在危险的战火岁月里，身处莫斯科，他曾回忆，无论发生什么，列宁总是很幽默。这位英国外交官说，"在我遇到的所有公共人物里，列宁是性格最为平和的"。在言谈和工作中，列宁都质朴而直率，讨厌夸夸其谈，他也热爱音乐，甚至害怕自己过多沉浸在音乐里，会导致工作时不够强硬。

长期担任教育部长的卢那察尔斯基与列宁共事多年,有一次提到列宁时,曾将列宁遭资本家迫害,与耶稣在圣殿被钱庄商人驱逐一事做类比,并补充说:"如果耶稣基督活在今天,那他也会成为布尔什维克。"不过,将不信神佛的列宁,作如此宗教比喻,确实颇怪异。

《凡尔赛条约》

法国北部的贡比涅森林,是法德两方签署停战协议的地方。如今,这里矗立起了一座纪念碑,碑上用法文镌刻着一段纪念词:

> 1918年11月11日,以罪恶为荣的德意志帝国在此屈膝投降——被它想奴役的自由人民所摧毁。

德意志帝国灰飞烟灭,而在这之前,俄罗斯帝国早已倾覆,罗曼诺夫王朝在倒行逆施多年后,黯然退出历史舞台。世界大战也为另一个古老帝国敲响丧钟,这就是哈布斯堡王朝的奥匈帝国。但作为战胜国的帝国依然坚挺,并未被漫长的战争折损其傲气,对曾被它们奴役的人民也没有任何愧疚。

1919年,获胜方协约国集团在巴黎举行,将要决定世界的未来走向。这座著名的城市在长达几个月的时间里成为全世界的焦点。除正式代表1000多人外,各代表团拥有大批学者专家及顾问。各色人等,政客、外交家、专家、军人、金融家、投机商,带着文员与助理,无远弗届,都来到巴黎。当然,记者也蜂拥而至。争取自由的民族也派出他们的代表,像爱尔兰、埃及、阿拉伯,还有一些小民族,我们之前都没听说过。东欧不少民族,希望在奥匈帝国的废墟上,能独立建国。还有一些人,则是冒险家。世界将要被重新分割,秃鹫们不会错过这大好机会。

巴黎和会被寄予厚望。人们希望在经历了地狱般的战争后,能用公正铸就永久和平。劳动人民怨声载道。日用品价格飙升,这加重了人们的痛苦。许多征兆显示,1919年的欧洲社会,看来即将爆发革命。

威尔逊、劳合·乔治和克里蒙梭代表了美英法三国,然而他们却未能实现弥合世界的伤口,将它重塑一新。这一历史重任需要的是超人,近似于神一样的人,三人对此望尘莫及。政治家、将军等当权者常常因媒体美誉过甚,而自我膨胀,经常看起来像是思想与行动的巨人。他们头顶光环,导致人们因无知而赋予他们太多根本不具备的美德。与他们近距离接触后,会发现这帮人其实与常人无异。一位著名的奥地利政治家曾经说过,如果知道统治世界的当权者是多么缺少智慧,人类一定会惊呆的。这三位政治家,"三巨头",看起来很高大,眼界却极为狭隘,而且对于国际事务甚至国际地理惊人地无知。

伍德罗·威尔逊总统名震天下,深得人心。他在谈话和文章中运用了各种理想化的华美辞藻,被仰视为一位先知,告知全世界,新自由即将到来。(《新自由》是威尔逊 1913 年推出的一本书的书名。)英国首相劳合·乔治也能口吐莲花,但他以机会主义著称。克里蒙梭,人称老虎,不诉诸理想主义和华美辞藻,他主张严惩德国,时刻准备将法国的宿敌踩在脚底,以各种方式羞辱之,让德国再也不能抬起头。

三位领导人内斗厉害,而且受到和会内外各股势力的影响,在他们身后还拖着苏维埃俄国的长长影子。俄国和德国代表都未出现在巴黎和会上。但苏维埃俄国对于在巴黎济济一堂的资本主义列强来说,始终是一道挥之不去的威胁。

在劳合·乔治的帮忙下,克里蒙梭成了最后的赢家。威尔逊得到了他热切期望的一样东西:国联,为了让其他人同意建立国联,威尔逊不惜在大多数议题上都做了让步。经过长达数月的商讨,巴黎和会最终拟定了一份草案,召开大会请各国代表通过,翌日通知德国代表赴会听命。草案共 440 条,一通宣读,然后就要求德方签字。整个签字过程并无讨论,德国人没有半点机会提出修改意见。这是一场强人所难的和平,德国要么俯首签字,要么准备接受不签字的后果。德国代表虽然表达了抗议,但最后一天(1919 年 6 月 28 日)还是在《凡尔赛条约》上签字画押。

协约国"以众暴寡,以强凌弱",将战罪之全部责任加诸德国一方,德国被迫签订《凡尔赛条约》,承认此一切罪责。被迫的认罪毫无价值,只能滋长德国人的仇恨。

《凡尔赛条约》还要求德国解除武装,只允许它保留一小部分兵力以作维持治安之需,并要求德国海军向协约国投降。德国海军官兵自行决定,宁使舰队沉没,也不向英国投降。于是1919年6月,德国海军主力舰队共51艘,自沉于苏格兰最北端的斯卡帕湾,全部船员殉国。

另外,德国还要向协约国支付巨额的战争赔款(Reparation),以补偿协约国因战争造成的损失,许多年里,战争赔款这个词像阴影一样笼罩在欧洲上空。和约本身未提到具体金额,但补充条款规定,德国共需赔偿2260亿马克(约合113亿英镑)且以黄金支付。德国当时废墟遍地,在安顿本国生计已经十分困难的情况下,要再向协约国支付天文数量级的赔款,几乎是不可能完成的任务。但是,协约国心中充满仇恨和复仇的烈火,不仅要咬下德国的肉,而且要吮干它的最后一滴血。英国的劳合·乔治在竞选纲领中提出"绞死德皇"的蛊惑人心口号而赢得了选举,而在法国,仇德情绪尤甚。

《凡尔赛条约》全部条款,概而言之,就是要尽一切可能捆缚德国,以免德国重新站起来,再度成为强国。也就是要一代又一代的德国人成为协约国的经济

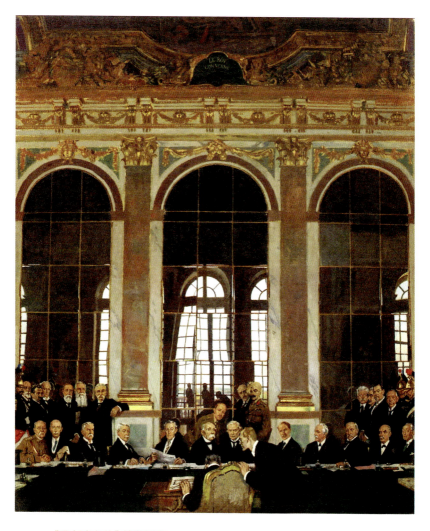

《凡尔赛条约》签署现场
创 作 者：William Orpen（1878—1931）

奴,每年支付巨额赔款。历史明明有教训,一个大国是不可能以这种方式被长期压制,然而为《凡尔赛条约》拟定框架的那些大人先生们却从不以史为鉴。

现在,悔之已晚。

最后,要再谈一谈威尔逊总统的心血——国际联盟,这也是《凡尔赛条约》在第一部分所提交给全世界的。国际联盟将是一个由自治自由的国家组成的联盟,目标在于"促进国际间合作,维持和平与安全,维持各国间公开、公正、荣誉之邦交"。这是多么值得憧憬的一个目标!国际联盟的成员国承诺绝对不与其他成员国开战,除非所有和平解决之手段已经失效,那么只有在九个月的间隔期后方可开战。对于违反规约的成员国,其他成员国要断绝与它的经济金融联系。纸面规定听上去都及其动人,可是在实际中却极难成真。而且要指出的是,即便在理论上,国联都无法阻止战争,它只是为战争设置了种种障碍,以期用拖延调停等方法冷却战争狂热。它根本没有从根本上去除战争的动因。

许多人对国联抱有很高的热情,希望它能终结(或至少缓和)混乱局面。在许多国家,都建立了国联的协会,旨在推广国联,也帮助国人养成用国际视野看待事物的习惯。另一方面,还有许多人则将国联视为一种善意的欺骗,只是有助于列强的政治博弈。1920年元旦,国联正式成立。国联的寿命不算长,但也长到足以完全看清它的无所作为。对于它所设立的目标:维护和平、减少战争发生可能,国联彻彻底底失败了。

不管威尔逊总统最初的意愿是什么,毫无疑问的是,国联落入了英法为代表的列强之手。它的最基本功能是维持现状,也就是帝国主义统治千秋万代,使列强成为殖民地人民的托管人。实际上,它起到了恶化世界局势的反作用。列强们穿上道貌岸然的外衣,暗行苟且之事,欺骗着善良的世人。当弱国对强国有任何"不恭",国联就会摆出一副严肃的样子,威胁弱国就范。而当强国欺负他国,国联却袖手旁观,或者淡化强国的罪行。这样,国联被列强操纵,当它有利于列强时,就尽可能被当做挡箭牌推出,当它变成障碍时,则被完全无视。

《凡尔赛条约》在商讨制定期间,日本政府曾提议将种族平等写入条约,但未被接受。巴黎和会为了安抚日本,竟把德国在中国胶东半岛的权益移交给日本。中国这样弱小的盟国,其利益就这样被慷慨的三巨头做了顺水人情。因为这个原因,中国拒绝在《凡尔赛条约》上签字。

这就是《凡尔赛条约》,它终结了"一场终结所有战争的战争"。后来成为斯诺登子爵并任英国财政部长的菲利普·斯诺登,曾对这一条约做过如下评价:

> 该条约满足了强盗、帝国主义者和军国主义者。对于希望终战之后能带来和平的那些人而言,则是致命一击。它不是一部和平条约,而是另一场战争宣言。这是对民主的背

叛，陷于战争而不自知。《凡尔赛条约》暴露了协约国的真实目的。

协约国在贪嗔痴诸种执念中不可自拔，做得太过火。数年以后，当初种下的恶果差一点吞噬他们，已经没有回头路可走。

战后的危机

在这里，我不想追问人类应该持有何种历史观。我自己的历史观近年来有过很大的变化，因为战争改变了每样事物每个人。它动摇了我们赖以长大的观念系统，逼得我们开始怀疑现代社会与文明的根基。我们看到年轻人前赴后继去送命，到处都是谎言、暴力、野蛮和毁灭，开始以为文明到此已经完结。俄国发生苏维埃革命，这是一个新事物，新的社会秩序，也是对旧秩序的一大挑战。其他观念也在风中飘扬。这是一个解体的年代，一个旧观念、旧习俗四分五裂的年代，也是一个急速变化的年代，随之而来的便是对一切的怀疑与质询。

人们不可避免会将1815年的维也纳和会与1919年的凡尔赛和会以及各自的后果，做两相对比。维也纳和会是一个失败的调停，为欧洲埋下了未来战争的种子。我们的政客们并没有好好以史为鉴，凡尔赛和会开得更加一塌糊涂。

战后发生了哪些重要事件？在我看来，最重要的事件莫过于苏联的崛起。我之前跟你说过，苏俄在成立之初，面对着不可估量的生存危机。它能存活下来，是这个世纪的一大奇迹。苏维埃制度席卷了前沙皇帝国的亚洲部分，从西伯利亚一直到太平洋沿岸，从中亚延伸到与印度的边境，多个苏维埃共和国建立起来，但它们作为加盟共和国，共同组成了苏维埃社会主义共和国联盟，简称苏联。苏联横跨欧亚，其国土差不多是全世界上地面积的六分之一。不过国土面积大，并没有什么了不起的，俄罗斯很落后，西伯利亚和中亚各国有过之而无不及。苏联所创造的第二个奇迹在于史无前例地带领这些地区的人民迅速进步。甚至中亚最落后的地区现在都走在了前列，令我们印度人深感艳羡。苏联最突出的进步在教育和工业领域。在五年计划指导下，俄罗斯快马加鞭实现了工业化，建起了无数工厂。这意味着老百姓要为此勒紧裤腰带，他们收入的很大部分要为这第一个社会主义国家的建设而做贡献，而农民则特别肩负了沉重的担子。

美国在战后异常繁荣，它在战时因成为借款国而将英国从世界霸主宝座上推落。现在的美国借钱给全世界，全世界都向它伸手。从经济角度上说，美国统治了整个世界，靠着全世界所还的"利息"，它就能过非常舒服的日子，就像以前的英国那样。

但美国面临两大难题。第一，债务国财政状况极差，无法用现金还债，而实际上，即便债务国财务良好，也不可能以现金支付如此大笔数额，还钱的唯一办法只能是出口本国商品来抵债。但对于大宗外国商品涌入国内，美国可不欢迎，于是提高关税，把绝大多数商品挡在国门外。那么问题来了，穷国该怎么还钱呢？美国人想出了一个天才的办法，他们继续借钱给债务国，帮助后者支付利息！这实在是一个不同寻常的还钱办法，因为钱还得越多，债台也更高筑。很明显照这样下去，绝大多数债务国将永远不可能还清所欠的钱，如果美国突然停止借款，整个空中楼阁就灰飞烟灭。于是，另一个非常奇特的现象发生了。美国，物华天宝的美国，曾近黄金遍地，一夜之间突然出现大量失业，经济之轮停止了转动，贫困在四周蔓延。

富得流油的美国陷入大萧条，你可以想象欧洲的境况如何。每个国家都拼命提高关税，阻拦外国商品进来，并大肆宣传购买国货。每个国家都尽可能只卖不买。在这种形势下，国际贸易名存实亡。这种政策被称为经济爱国主义，像其他咄咄逼人的爱国主义一样，它也在各国蔓延。贸易和产业凋敝，各国日子越来越不好过。帝国主义为了渡过难关，在国外加紧搜刮，在国内则削减工人工资。列强在海外的冲突不断升级，虽然国联反复呼吁裁军，但效果甚微，战争的阴云已经逼近。列强们再度拉帮结伙，为不可避免的冲突做准备。

战后的第一个十年，资本主义看起来正在复原，并将长期稳步发展。但之后的数年，时局大变。资本主义列强之间磨刀霍霍，与此同时，国内矛盾也相当激烈。随着情势更加恶化，统治阶级不顾一切要镇压工人的反抗，它采取了一种叫做法西斯的形式。在阶级斗争最激烈、统治阶级即将失去特权地位的国家，法西斯出现了。

法西斯先是战后不久出现在意大利。在墨索里尼领导下，法西斯分子夺取了意大利政权。法西斯是一种赤裸裸的独裁，它公开嘲笑民主。在欧洲多个国家，都出现了法西斯的身影，独裁成为普遍现象。1933年初，法西斯在德国得势，为1918年成立的魏玛共和国画上了句号，从此以后工人运动遭到最野蛮的镇压。

截止到1933年，战后十四年来最突出的世界大事包括：苏联的崛起，美国对世界经济的主宰及其目前的危机，欧洲的混乱状态。觉醒的东方各国纷纷要求独立，称得上是这一阶段的第四桩世界大事。

印度和甘地

战后的印度一直在等待：带着忿恨，不是太抱希望，但仍然在憧憬未来。印度在热切等待着英国出台新的对印政策。在短短数月内，英国新政之一便是通过特别法，以浇灭印度革命运动。它带给印度的不是更多自由，而是更加严厉的压制。这些法案由在印度供职的英国法官S. A. 罗拉特为首的委员会起草，故称《罗拉特法案》，统称《平时戒严法》。不久它们在全印度又有"黑法案"之称，全国哗然，遭到包括最平和者在内的群起反对。该法案规定警察可任意逮捕官方怀疑的分子，不经公开审讯，可以长期监禁。随着反对《罗拉特法案》的声浪一浪高过一浪，印度政坛出现一抹祥云，很快它就布满了整个印度天空。

这抹祥云便是莫罕达斯·卡拉姆昌德·甘地（1869—1948），大战时，他从南非回到印度，带着追随者在艾哈迈达巴斯建立了真理修道院。甘地原本曾帮助政府为战争征过兵。因为在南非时组织非暴力不合作运动，甘地在印度已经非常知名。1917年，他为三八朗地区欧洲种植园的可怜佃农成功争取到权益，后来又曾声援古吉拉特的农民。1919年初，甘地的身子垮了，当《罗拉特法案》激起全国反对狂潮时，甘地拖着病体也加入了国人的怒吼。

这一声怒吼浑然不似众人。它安静又低沉，但仍然能越过众生喧哗而被清晰地听到。它温和而文雅，但在内里却有钢铁一般的意志。它看似在恳求，却绵里藏针，充满震慑力。甘地所用的每个字句皆有深意，表面上像是友善无比，但在其背后，又充满力量与行动，以及誓不屈服于丑恶势力的决心。对这一声音，我们现在已经很熟悉了，但在1919年二三月间，它是多么令人耳目一新。我们不知道它为何物，却深深被震撼。我们所熟悉的闹哄哄的反抗政治是这样的：冗长的发言除了谴责什么都没有，结束语通常是表决心，却一如既往地无力软弱，没有人会把它当回事。这是讲演的政治，而非行动的政治。

甘地组织了一场非暴力不合作运动，参与者做好了违反法律因此接受法庭监禁的准备。这在当时实在是一种石破天惊的新想法，我们都很兴奋，但很多人临阵退缩了。

像他以往做的一样，甘地给印度总督呈交了一份陈情书。当看到英国政府不顾全印度的反对，决意要通过该法案，甘地呼吁在法案通过的第一个星期天，进行全国总罢工与集会。由此，暴力不合作运动拉开序幕。

1919年4月6日，星期天，遍及印度城乡的非暴力不合作日如约而至。这是印度的第一次全国示威，各行各业各个社群都参加了此次示威，场面非常壮观。就连我们这些组织者也为它的成功感到震惊。以前我们只能接触到城市里的小部分市民，如今空气中弥漫着一股新精神，信息能传达到印度最边陲的小村庄。村民与城市工人，有史以来首次参加大规模的政治示威。

自由该如何去争取？很显然，静待它的到来是不现实的。同样，仅仅靠抗议和乞求，不仅毫无尊严可言，而且也没有什么用。在历史上，这些办法从未使统治阶层或特权阶层让出权力。历史告诉我们，被奴役者只能通过暴力革命取得自己的自由。

　　武装造反对于印度来说几乎不可能。我们手无寸铁，大多数印度人甚至不知道怎么使用武器。而且若以暴力相抗，像英国这样运行有序的政府，其优势不言而喻。另一方面，个人恐怖主义，用炸弹或手枪暗杀个别官员，此类想法已经破产。无论它如何具有震慑力，它不仅会大大降低一个民族的道德水准，而且要通过恐怖主义推翻一个强有力组织起来的政府，简直是天方夜谭。俄国革命也放弃了这类个人恐怖主义做法。

　　还有别的路可走吗？俄国成功革命，建立起一个工人共和国，它的办法便是有军队支持的群众运动。但即便在俄国，也是在旧政府轰然倒下之后，绞杀革命的力量微乎其微，苏维埃才得到机会的。当时的印度，没几个人知道俄国革命、马克思主义，或从工人农民角度考虑问题。

　　所有的路都堵死了，在忍无可忍的奴役命运里，印度人似乎无法可想，只能品咂深深的压抑与无助。正是在这一局面下，甘地提出了他的非暴力不合作计划。就像爱尔兰的新芬党，它教会自助者天助，要壮大自己实力，这能有效地给政府施压。政府极为依赖印度人与之合作，如果印度人进行抵制而非合作，在理论上就有可能破坏政府的整个结构。即便未能到达这一步，至少，能让政府感受到莫大压力，与此同时凝聚人心。

甘地(1869—1948)

非暴力不合作是和平方式，但它不仅仅是不抵抗。虽然提倡非暴力，但它百分之一百是一种反抗形式，对于自己认为错误的社会现实保持反抗。这是一种和平的造反，是最文明的战争形式，威胁国家的稳定。它有效地动员了大众，特别适合印度人民的独特天性，可谓扬长避短。它让我们抛掉恐惧，开始前所未有地直面人生，自由地说出内心的真实想法。这种新型的言论与行动自由让我们自信，给我们力量。斗争总是会让国仇家恨在人们心里如野草般疯长，而诉诸和平手段，则很大程度上可避免这一情况出现，使得最终皆大欢喜。

非暴力不合作运动，在加上甘地非凡的人格魅力，击中了整个国家的想象力，委之以希望。它如波浪般漾开，所到之处，委顿的民气为之一振。新的国大党吸收了整个国家的活力，越来越有实权与威信。

西亚再次进入世界政治

浅浅一湾蔚蓝的海，隔开了埃及所属的非洲与西亚。让我们越过苏伊士运河，来到阿拉伯半岛、巴勒斯坦、叙利亚和伊拉克，以及略远处的波斯。西亚在历史上曾经扮演过重要角色，也经常是世界事务的枢纽。而在接下来有好几百年，从政治角度而言，它悄然隐退于幕后。西亚如死水一般，奔腾不息的生命之流几乎从未在它平静的表面激起一丝涟漪。现在，我们看到变化在发生，它将中东再度带入世界事务。贯通东西的苏伊士运河从这里穿过。这是一个值得引起注意的现象。

每当想起西亚，我总会很容易迷失在过去中。历史的众多画面齐齐涌进头脑，其魅惑实在让我难以抵御。从人类文明伊始，数千年以降，这片土地的重要性不言而喻。七千年前，文明就在现在的伊拉克地区露出曙光。然后是巴比伦王国，之后出现了定都于尼尼微的亚述帝国。亚述帝国灭亡后，来自波斯的一个新王朝，新民族，统治了从印度边境至埃及的整个中东。这便是定都于波利波利斯的阿契美尼德王朝，居鲁士、大流士和薛西斯三位大帝让世人闻风丧胆，波斯想要吞并小小的希腊，但铩羽而归。多年以后，波斯的命运被希腊人亚历山大大帝运于股掌。当亚历山大想要连接欧洲和亚洲时，他自己也做了类似的联姻，迎娶了一位波斯公主（当然亚历山大妻妾成群），而亚历山大的数千名将士也都娶了波斯女子为妻。

亚历山大大帝之后几百年，希腊文化盛行于从印度边界到埃及的中东各地。这期间，罗马崛起，向亚洲扩张，却遭了波斯萨珊帝国的阻击。罗马帝国后来一分为二：西罗马帝国，和以君士坦丁堡为首都的东罗马帝国。东西之间冲突不断，在西亚大平原上不断上演着悲喜剧，而两大主角便是君士坦丁堡的拜占庭帝国和波斯的萨珊帝国。不管战火如何纷飞，商旅带着驼满商品的骆驼队,从东到西,从西到东,穿越这些大平原,中东自古以来便是世界最重要的通衢之一。

三大宗教曾兴起于西亚:犹太教(犹太人的宗教),琐罗亚斯德教(现代帕西人的宗教),以及基督教。公元7世纪,伊斯兰教在阿拉伯沙漠里应运而生,不久就席卷了中东地区,其他三大宗教只能退避三舍。巴格达的阿拉伯帝国屹立于世界舞台,东西斗争依然在继续,只是交战双方成了阿拉伯帝国与拜占庭帝国。辉煌了多年之后,阿拉伯帝国因塞尔柱突厥人的进攻,渐渐式微,并最终被成吉思汗的后人所灭。

不过,早在蒙古人西进前,亚洲西海岸就已爆发了西方的基督徒与东方的穆斯林之间的鏖战。这便是十字军东征,它断断续续持续了250年,几乎到13世纪中期才告终。十字军东征被视为一场宗教战争。不过,宗教往往是战争的借口,而非肇因。当时的欧洲,比东方落后,处于黑暗时代。但欧洲正在觉醒,更加进步有文化的东方就像磁铁一样吸引着欧洲。对东方的向往,表现为多种形式,十字军东征是其中最为重要的一种。经过历次东征,欧洲从西亚国家受益良多,学来了精美的艺术与手艺,以及奢侈习惯,最重要的是,引进了科学的工作和思想方法。

十字军东征尚未结束,蒙古铁蹄就来了,他们横扫西亚,所到之处都留下残垣断壁。不过,也不能把蒙古人想象成全无建树的破坏者。从中国到俄国,蒙古人在如此辽阔的疆域里驰骋,使远方的各民族互相接触,也促进了贸易和交流。在庞大的蒙古帝国羽翼下,古老的丝绸之路变得相当安全,商人、使臣、传教士等人,在这条绵延万里的商道上来来去去。中东正位于这些古代通衢的直线上,它是连接亚欧两大洲的生命线。

正是在蒙古人统治时期,马可·波罗从故乡威尼斯横穿亚洲,来到中国,他本人所写或口授的《马可·波罗游记》闻名后世,也让我们记住了这个名字。更多的旅客走过这条漫漫长路,只不过未留下文字而已,即便写过,也可能失落于历史长河中,毕竟当时都是手抄本。商队从一个国家跋涉到另一个国家,虽然主业是贸易,但也有不少人为了寻找财富和冒险而跟着商队。

古代世界的伟大旅行家中,除了马可·波罗,还有阿拉伯人伊本·白图泰(Ibn Battuta)。14 世纪初,白图泰生于摩洛哥的丹吉尔。因此,他正好属于马可·波罗的下一代人。21 岁时,白图泰出发去麦加朝圣,从此踏上了一条不可思议的世界之旅,随身的只有他的聪明才智,以及曾接受的(培养伊斯兰宗教法官的)喀孜教育。白图泰沿着北非海岸,从摩洛哥来到埃及,历经阿拉伯半岛、叙利亚和波斯,接着来到安纳托利亚(土耳其)、南俄罗斯(属于蒙古的金帐汗国)、君士坦丁堡(仍旧是拜占庭的首都),以及中亚和印度。从北到南穿越印度之后,白图泰继续旅程,到达东南亚乃至中国。归途中,他在非洲漫游,甚至穿越了撒哈拉沙漠!即便从交通工具发达的今天看来，这样一段旅程依然如此罕见。开眼看世界的白图泰让我们知道，在 14 世纪上半叶，旅行十分常见。白图泰无愧于古往今来最伟大的旅行家之一。

白图泰的游记生动记录了一路上的国家及人民。当时，埃及相当富庶，因为印度与西方的所有贸易都路经埃及，实在是坐地生钱。巨大的利润也让开罗成为一座精美纪念碑林立的大城市。白图泰提到了印度的种姓、萨提制度和特色饮食。我们从《白图泰游记》中了解到，印度商人在国外港口如何辛苦经商，以及海上的印度商船，当时印度女子的衣着、香味和饰品。都城德里"城区辽阔，地处冲要，既壮美又固若金汤"，被形容为"印度最大的城市，全伊斯兰地区在东方的最大城市"。当时统治印度的是素丹穆罕默德·图格鲁克，为了巩固对印度南部的控制，他将首都由德里迁到南部的德瓦吉里，将德里这座"既壮美又固若金汤"的城池，几乎变为一座废弃的空城，少有人居住。

白图泰的游记实在让我神往，请原谅我在这里略微跑题了。

总而言之，到 14 世纪为止，中东（或西亚）在世界事务中扮演着重要角色，也是连接东西方的重镇。

在我们这个时代，空中力量角逐，西亚因为许多远距离的空中航线而重新获得突出地位。它再度进入世界政治舞台，同时也成为冲突不断的是非地。

🗖 巴勒斯坦

与叙利亚接壤的巴勒斯坦,是一个蕞尔小国,但因其光辉的历史而吸引了世人的注目。巴勒斯坦是犹太教、基督教甚至伊斯兰教的圣地。英国的外交政策在这里制造出了一个非常特别的少数种族问题:犹太人问题。

犹太人是一个非凡的民族。他们发源自巴勒斯坦的一个小部落(或几个部落),其早年的历史见于旧约圣经。犹太人自视为被上帝选中的民族,在这一自我暗示下,他们忍受了不断的被征服、被奴役。我们在《圣经》权威译本中读到不少动人心弦的优美诗歌,正是犹太人所书写的笑与泪。我猜想,它们的希伯来原文一定更加优美。我在这里选录其中的一首赞美诗(《诗篇》第137首):

> 我们坐在巴比伦河畔,
> 一想起锡安就禁不住哭了。
> 在河边的柳树上,
> 我们把竖琴挂了起来。
> 俘虏我们的人要我们唱歌;
> 折磨我们的人要我们娱乐他们。
> 他们说:来,为我们唱一首锡安的歌!

身处外邦异国,
我们怎能唱诵赞上主的歌呢?
耶路撒冷啊,要是我忘了你,
愿我的左手枯萎,再也不能弹琴。
我要是不记得你,
要是不以耶路撒冷
为我最大的喜乐,
愿我的舌头僵硬,再也不能唱歌!

犹太人最后流散到世界各地。他们无国也无家,所到之处都被视为不受欢迎的异乡人。他们被迫住在与当地人隔开的犹太区(ghetto),以免"污染"当地人。有时,还被要求穿上特殊服装。犹太人遭凌辱、嘲弄、折磨甚至杀戮。"犹太"成为一个侮辱词,代称贪得无厌的放高利贷者。让人感叹的是,在这样的遭遇下,犹太人仍然奋力生存,保存了自己的种族与文化特质,为全世界贡献了很多伟大人物。今天,犹太人中有不少是顶尖的科学家、政治家、文学家、金融家、商人,甚至最伟大的社会主义者也是犹太人。不过,绝大多数犹太人只是过着平凡的生活,他们挤在东欧各处,时不时地遭受着屠戮。无家可归的犹太人,特别是其中的穷困者,无时无刻不再梦想着昔日的耶路撒冷。想象中的耶路撒冷比在现实中更加雄伟非凡。犹太人将耶路撒冷叫做锡安,它是上帝的应许之地。锡安主义(犹太复国主义)正是来自过去的呼唤,它所追求的是回到耶路撒冷。

19世纪末,犹太复国主义采取的是殖民化运动的形式,许多犹太人回到巴勒斯坦定居。希伯来语也在此时复兴起来。在世界大战期间,英国军队入侵巴勒斯坦,在向耶路撒冷进军时,1917年11月,英国政府发表贝尔福宣言,宣布其进军目的在于支持在巴勒斯坦建立一个犹太民族家园。贝尔福宣言是为了收买全世界犹太人的民心,让犹太人欢欣鼓舞。

不过,其中有一个小缺陷,一个并非不重要的事实似乎被忽略掉了。巴勒斯坦并不是一片荒野,或者空旷的无人区。它已经是别人的家园了。因此,英国的上述慷慨举动,其实牺牲了巴勒斯坦现在居民的权益。这些居民包括阿拉伯人、非阿拉伯人、穆斯林、基督徒——总而言之,所有居住在巴勒斯坦的非犹太人都要做出牺牲,因此这些人抵死不从。这很大程度上是一个经济问题。在这些居民看来,犹太人本来就富甲天下,从此会在各个领域与之竞争,成为这个国家的经济主宰者。他们担心犹太人会抢走自己口中的面包,会夺走农民的土地。

巴勒斯坦从此以后便成为阿拉伯人与犹太人之间永远的冲突地。

法西斯主义

1922年11月,意大利国王伊曼纽尔三世召贝尼托·墨索里尼组织内阁,赋予他独裁权力。墨索里尼此举在欧洲开了独裁之先河。他大言不惭地说:"欧洲每个国家的王座都空着,等待强人登上它。"

独裁在许多国家甚嚣尘上。除了意大利和西班牙之外,放弃民主政治而建立独裁统治的国家包括:波兰、南斯拉夫、希腊、保加利亚、葡萄牙、匈牙利和奥地利。在波兰,沙皇时代曾经的社会主义者皮尔苏茨基控制军队,发动军事政变,实施独裁。他喜欢用最侮辱人的语言对波兰议会的议员破口大骂,有时议员遭拘捕,或者逃之夭夭。在南斯拉夫,国王亚历山大便是独裁者,国内多地的情况越来越糟,比土耳其奥斯曼统治时还要严酷。

以上提到的这些国家,并非始终困于公开独裁之中。他们的议会有时会清醒一段时间,被允许发挥一定作用。有时,比如像最近的保加利亚,当局拘捕了包括共产党在内的持异议的议员,将之清除出议会。这些国家要么处于独裁之中,要么游荡于独裁边缘。无论是个人独裁还是小团体独裁,它们都恃武而骄,只有在连续不断的镇压与拘捕异议者、严格的审查制度以及庞大的特务网之下,才能放心统治。

独裁也在欧洲以外的地方蔓延。比如，土耳其有凯末尔。南美也出现了许多独裁者，但南美的所谓共和国从未积极追求过民主，不过是一仍其旧而已。

现在有两种形式的独裁：法西斯独裁和军事独裁。军事独裁几千年前早就存在，无甚新奇；法西斯独裁则是历史新事物，是我们这个时代的独特产物。

所有独裁形式都有一个共同特点，便是直接反对民主制度，反对议会政治。你也许还记得上文中提到，19世纪是民主的世纪，法国大革命宣扬的人权思想一路狂飙，以个人自由为目标。程度各异的议会政治也在欧洲遍地开花。20世纪，或者严格地说是第一次世界大战之后，19世纪的这一伟大传统中途夭折。随着民主的衰落，所谓自由主义也四处遇到类似的命运。

这一切为什么会发生呢？民主理想曾激励无数人民，数以千计的殉道者为民主事业献出生命，为什么延续了一百多年的民主潮流会突然中断呢？我们不得不说，它其来有自，并非是公众一时头脑发热。

共产主义者认为，此民主只是形式民主，并非真民主，它掩盖了一个阶级统治其他阶级的事实，掩盖了资产阶级专政的实质。大众投票选择某位领导人执政四五年，不管甲上台还是乙上台，老百姓一样是被统治阶级剥削。只有阶级剥削终止之日，剩下一个阶级存在之时，红色民主才会实现。不过，在此之前，先要实行一段时间的人民民主专政，以镇压所有资本主义残余势力，防止后者卷土重来威胁社会主义的建立。所以，在苏联是百分之九十或九十五的人民，对百分之十或五的敌人的专政。不过，这只是理论上如此。

法西斯的态度则全然不同，它谈不上有什么固定的理论。法西斯反对民主，并不是像共产主义者那样认为此民主只是形式民主，而在于它根本反对民主本身。墨索里尼径称民主为"腐尸"。法西斯主义者憎恨个人自由，国家就是全部，个人一文不值。（共产主义者也不认为个人自由有太大价值。）19世纪民主与自由的先知——可怜的朱塞佩·马志尼，对于墨索里尼这位同胞，不知道会说什么！

给老百姓投票权，然后就称之为民主，对这种做法表示不屑的，除了共产主义者和法西斯主义者，还有很多人。民主意味着平等，只能在平等的社会里才能实现。给每个人投票权，很明显不能立刻召唤来一个平等的社会。除了成年人普选权，其他方面的不平等有如天壤。因此，首先必须要建立一个相对平等的社会，才能谈得上建设民主，——这一推论使得对民主持批评态度者提出了别的理想和办法。

让我们再审视一下法西斯。法西斯赞颂暴力，仇视和平。墨索里尼在《意大利百科全书》中写道：

> 法西斯主义对于永久和平之必要性与效用，持否定态度。因此，法西斯主义憎恶和平主义，因为和平主义暗藏了对斗争的拒绝，实际上是一种胆小懦弱——面对牺牲的胆小懦

> 弱。战争，只有战争，才能最大限度地激发人类能量，并将高贵注入有胆量接受它的人们心间。除战争外，所有其他考验都不足道也，皆因它们未曾使人面对生死抉择。

法西斯具有激烈的民族主义倾向，而共产主义则是世界主义的。法西斯反对世界主义，它奉国家为上帝，在为国家而设的祭坛上，个人自由与权利必须被牺牲掉。非我族类，其心必异，都是人尽可诛的敌人。虽然有一些反资本主义的口号和革命手段，法西斯总体上是与有产阶级和反动势力结合在一起的。

这是法西斯的一些奇怪面相。它背后的哲学（如果称得上有的话）是很难把握的。法西斯始于对权力的赤裸裸欲望。当成功攫取到权力后，它才苦心构筑一套自己的哲学。意大利的乔瓦尼·詹蒂莱被视为法西斯主义的官方哲学家，他也是墨索里尼的教育部长。詹蒂莱提出，民主理论所谓的发展个性堪称歧路一条，在法西斯主义看来，只有通过作为世界的自我意识（超越性自我），人才能自我实现。若从这一角度出发，个人自由和个性便全无容身之所，因为真正的现实只有丢掉自我才能意识到，只有融入国家才能让个体实现真正的自由。

乔瓦尼·詹蒂莱如是说：

> 我的个性并未被压制，而是融于家庭、国家以及宇宙精神，从而得到加强与升华。

> 强力所到之处,大道存焉,因它能提振意志。

以上种种遁词,究其实都是为既存现实提供理论依据。还有一种说法是,法西斯主义的愿景是建立一个"合作国家",每个公民都团结起来,为共同的善而奋斗。但是,无论在意大利还是别的地方,都还距离这样的"合作国家"远矣。资本主义在法西斯意大利虽然面临些许限制,但其运行与在其他资本主义国家并无太大不同。

随着法西斯蔓延至其他国家,我们已经很清楚地看到,这绝非意大利特色的现象。当工人壮大后,威胁到资本主义制度,资产阶级自然会想方设法自救。如果当权者无法用通常的民主手段让工人就范,法西斯手段便应运而生。它会制造大规模群众运动,并打出一些颇对大众胃口的旗号。群众运动的中流砥柱是备受失业折磨的中下阶层,许多政治上落后的无组织工人也会被那些旗号所吸引,憧憬着人生际遇会改善。这样的群众运动,其金钱支持来自于希望从中获利的大布尔乔亚,虽然它将暴力奉为圭臬,并日日实施暴力,但法西斯政府对它放之任之,因为社会主义是二者共同的敌人。

当阶级斗争愈发尖锐时,法西斯主义便抬头。资本主义若能使用民主制度维持权力,打压工人运动,民主就可以继续,若自身岌岌可危,资本主义便会丢掉民主,公开采取法西斯手段,滥用暴力,实施恐怖统治。

🗗 战争的阴影

人类历史的趋势便是国与国的相互依存,国际主义的越发普遍。独立的民族国家虽然林立,但国际关系网越来越紧密,国际贸易激增。这一国际化过程与民族国家乃至民族主义产生了剧烈冲突。资本主义已经到了退休阶段,但它绝不会主动下台。危机四伏,它只能像缩头乌龟一样退回自己的壳里,想要扭转上述趋势,由此催生了经济民族主义。

问题在于,即便经济民族主义能奏效,它到底可维持多久?

封建主义、资本主义、社会主义、共产主义,太多的主义。如此眼花缭乱!每一种主义背后都潜藏着机会主义!但理想主义者还是有的,他们发自内心地珍视某一主义。这理想主义不是天马行空的胡想,而是为了全人类伟大目标而用心实干的理想主义。萧伯纳曾说:

> 人生真正的欢乐,就是在于你自认正在为一个大目标运用自己,并为这一目标累得精疲力竭,而不是源于独自发光、自私渺小的忧烦躯壳,只知抱怨世界无法带给你快乐。

读史之后,我们会发现地球变得越来越平,世界各地你中有我,我中有你。整个世界成为不可分割的一个整体。如今,孤悬于外的国别史再也不可能撰成。人类已经脱离国别史的阶段，走向全球史。我们在寻找推动各国共同前进的力量。

即便在过去，因物质条件等障碍，国与国不相往来，我们还是能看到国与国之间有一股普遍存在的推动力在起作用。这股推动力如滚滚车轮，盲目甚至残酷地推动我们一路往前。

20世纪是动荡的世纪，每个人都无法独善其身。法西斯头子墨索里尼说，"整个世界都处于革命中，各个事件本身就如同不可遏制的意志力那样，是一股洪水般的推动力"。共产主义者托洛茨基也警告我们，对于和平与安逸毋期望太多。他说，"很明显，20世纪是人类有记忆以来最乱的一个世纪。这个时代，如果谁把和平与安逸放在第一位，那他是生错了时代"。

整个世界乌云密布，战争在所有角落都长长投下阴影。如果说，注定逃不掉这一宿命，我们是昂首面对它呢，还是像鸵鸟一样闭目不见？我们也许可以纵浪大化中，可喜亦可惧，经历各种艰难困苦甚至死亡，体会战斗的愉悦，与历史的脚步偕行。

所有人，或者说所有用心思考的人，都期待着历史展开自身，成为当下。有些人用信心去等待，用些人则用恐惧去等待。这个世界究竟是会变得更公平更美好，不再只是少数人寻欢作乐之处，而变成广大老百姓的乐土，还是会变得比今天更冷峭，战火烧过后，今日文明中的许多美好都随风飘逝？人类面对的很有可能是这两种极端情况中的一种，中间道路似乎不可能出现。

我们在拭目以待的同时，也自强不息，为追求美好的那一个未来而努力。人类从野蛮状态一路走来，所凭恃的不是臣服于大自然，而是拂逆大自然，让大自然为人类所用。这就是人类的今天。走向什么样的明天，取决于全世界千千万万女孩男孩，他们正在长大，为参与这一明天的塑造而每日精进。

历史的教训

读史从来不是愉悦的事情。人类虽然取得了卓越但又自命不凡的进步，却仍然未脱动物的自私残酷本性。在那么多的自私与纷争，在种种非人性的历史中，一条进步的金线却若隐若现。我是一个乐观主义者，倾向于用积极的眼光看事物。不过，也不能让乐观主义迷了眼，看不到将我们重重包围的那些暗黑之处。乐观主义若无深思作为辅弼，也会被放错了地方，因为现在的这个世界仍然没有给乐观主义留下多少空间。对那些理想主义者，或者那些不愿盲信的人而言，这个世界实在太残酷。各种没有直截答案的问题，各种不肯轻易消逝的疑惑，真可谓层出不穷。

为什么世界上会有那么多愚昧与苦难？这个古老的问题早在两千五百年前就让乔达摩·悉达多王子苦

苦思索。据传说，他无数次地问自己这个问题，直到有一天，终于觉悟，最后他便成佛了。他问自己：

> 梵天为什么会
> 创生这样一个苦难遍地的世界，
> 如果梵天无所不能，却坐视不管，
> 那他就非善类，若非全能，
> 他如何可能是至高神？

在我们印度，为争取自由的斗争如火如荼，但还是有许多国人对此毫不在意，站在某个宗教派别或狭隘的阶层来看待一切，忘记了更高的善。还有一些人，眼中没有对自由的愿景，自愿做暴君的顺民。

暴君以法律和秩序之名，镇压不肯屈服者。颇可怪异的是，法律和秩序本是弱者和被压迫者的避风港，在统治者手里却变成了维护统治的刀枪棍棒。我在这里很想摘录一段非常适用于当下的文字。这段文字来自18世纪法国思想家孟德斯鸠，他说：

> 没有比在法律的借口之下和装出公正的姿态时所作出的事情更加残酷的暴政了，因为在这样的情况之下，不幸的人们正是在他们自己得救的跳板上被溺死的。[8]

我给出的仅仅是一个史纲，称不上历史全貌，只是对人类漫长历史的快速浏览。如果历史让你产生兴

8　译文引自孟德斯鸠《罗马盛衰原因论》，婉玲译，商务印书馆，1995年，第75页。

趣,历史长河中的一些片段让你着迷,相信你会找到书本,自己去发现历史的脉络。不过,阅读本身还不够。要了解过去,就必须带着同情与理解去回望。要理解历史中的某个人,必须理解他身处的大环境,生活际遇,以及他所持的想法。站在今人的立场,时代错置地去评价古人,是很荒唐的。今天不会再有人为奴隶制辩护,而睿智如柏拉图却言之凿凿:奴隶制不可或缺。这一百年来的美国,成千上万人付出生命,只为了维护奴隶制。我们不能以今日的标准出发,随随便便就评价过去。对此,几乎每个人都会同意,但是不见得每个人都能认同这一点:用过去的标准来评价今天也同样也很荒谬。老旧的信仰和习俗在当初新生时,作用不可谓不小,但时至今日则依然过时,很多宗教却往往将这些信仰和习俗原封不动固化下来。

如果你带着同情的双眼看待过往历史,历史这架风干的骷髅将重新得到血肉,你会看到,一代又一代的男男女女和孩子们是如何在每个时代里鲜活地生存着,他们和我们不同,然而又很像我们,有着同样的人类德性和缺点。历史不是一场魔法秀,但是历史里却有太多的"魔法"等着有心人去发现。

历史长河中有无数的画面,摄人心魂:埃及,巴比伦,尼尼微,上古印度文明,雅利安人来到印度以及扩散到欧亚地区,博大精深的中华文明,克诺索斯和希腊,罗马帝国和拜占庭帝国,阿拉伯人在两百年间的所向披靡，印度文化的复兴和衰落，鲜为人知的美洲玛雅文明和阿兹特克文明，蒙古铁蹄扫荡一切，欧洲的中世纪（有着绝美的哥特式教堂），伊斯兰来到印度，莫卧儿帝国，西欧文艺复兴，发现美洲和东方航道，西方对东方侵略的开始，大机器时代和资本主义的发展，工业主义的拓张，欧洲的霸主地位和帝国主义，科学在现代世界的巨大进步。

许多庞大的帝国，"眼见他起高楼，眼见他楼塌了"，数千年来湮没不闻，要等到耐心的考古学家拨开尘埃，使它重见天日。然而，许多伟大的观念，许多幻想，却在一代代的口耳相传中绵延不绝，比帝国伟业更强大更持久。诗人玛丽·柯勒律治[9]这样写道：

> 埃及王朝随风飘逝，
> 希腊倾塌，特洛伊不再，
> 辉煌的罗马失掉了王冠，
> 威尼斯的荣光已然黯淡。
> 但是，它们的孩子们所梦见的梦境，
> 转瞬即逝，虚无缥缈，
> 纯如梦幻泡影，
> 看似无足轻重，
> 这些梦境却留下来了。

过去赠给我们许多礼物。我们今天所拥有的文

9　玛丽·柯勒律治（1861—1907），大诗人柯勒律治的侄孙女。

明、科学或关于真理的某方面知识，都是遥远过去或昨日留下的珍贵礼物。我们应该认识到自己对过去负有责任。但是，我们除了对过去负有责任外，还对未来负有一份更大的责任，因为过去的已经过去，无法改变历史。未来还未到来，我们也许能为迎来一个什么样的未来做点什么。如果说，过去教我们学到一些真理，未来则将某些真理隐匿起来，并邀请我们为它去寻找真理。但是，过去经常对未来抱有妒意，想要紧紧将我们攫住不放，我们唯有与过去抗争，方能自由面对未来，走向未来。

人们常说，历史教给我们许多东西。还有一句古训是，历史从不重复自己。这两种说法都正确，因为亦步亦趋地效法，或者希望历史简单重复、静止不动，以这些态度是不可能从历史中学到什么的。但是，通过努力超越它，发现推动它的力量，我们可以获益良多。即便如此，所得也往往并非直截了当的答案。卡尔·马克思说过，"只有提出新问题，才能回答历史的旧问题"。

人类的过去是信仰时代，那往往是一种盲目而未经质疑的信仰。历史上所修的那些宏伟的教堂、寺庙、清真寺，要是修建者没有那超乎一切的信仰，是不可能建成的。每一块砖都虔敬万分地砌在另一块砖之上，雕刻出的精美纹饰，这一切都在诉说着他们的信仰。清真寺高耸的宣礼塔，哥特式教堂锋利的尖顶，直刺苍穹，无一不带着浓得化不开的虔诚，就好似用大理石在向上天进行祈祷。所有这一切,无不让今人为之震撼,虽然我们早已不再拥有过去的那份信仰。

信仰时代飘然远去,与之一起消逝的还有大理石中的那种灵力。教堂、寺庙、清真寺还在源源不断造出来,但是它们缺乏中世纪时使之得生的那份精神。如今的这些宗教建筑,与代表我们这个时代的商业大楼,在本质上没有多大区别。

时代已经变了。这是一个幻灭的时代,一个怀疑、质询与不确定的时代。许多古老的信仰与习俗,不再被无条件接受。我们正在寻觅与时代更契合的新办法,新真理。我们互相辩难,提出各种"主义"与哲学。就像苏格拉底时代一样,我们生活在一个质疑的时代,而且此质疑并不局限于像雅典一城,而是遍及世界。

有时候,这个世界的不公、不幸福和残酷扑面而来,黯淡了我们的心和眼,前方看不到出路。马修·阿诺德说,世界上本无希望,我们能做的只有善待彼此。

> 因为这个世界,这个似乎
> 如梦境般展现在我们眼前的世界,
> 这个如此多彩、美丽而新鲜的世界
> 其实并没有欢乐、光明和爱,
> 也没有确信、安宁和对苦难的拯救;
> 我们在世,犹如在一片昏暗的荒原,
> 纷争和溃逃的惊恐在荒原上交织,

> 愚昧的军队于昏暗中在荒原上争斗。[10]

不过，如果将这样灰色调的观点照单全收，那就是没有好好从生活或历史中学习。历史教给我们成长与进步，教给我们人类无限发展的可能性。生活是丰富而多变的，虽然有沼泽有陷阱，但它也拥有高山大海，有瑞雪有冰川，有繁星点点的夜空（尤其对身处囹圄的人来说！），还有家庭与朋友的爱，共同事业里的同志之谊，以及音乐、书籍和无穷无尽的思想。因此，每个人都可以这样说：

> 主啊，虽然我存在于大地上，是大地之子，
> 星空却是我的父。

赞叹宇宙之美，徜徉在充满思想和想象的世界里，岂非乐哉。但若因此而"脱尘出俗"，对于他人的苦难无恻隐之心，那就是一种缺乏勇气或同胞情的表现。思想只有化为行动，才能为自己正名。

我们的朋友罗曼·罗兰如是说：

> 行动是思想的目的地。所有不以行动为指归的思想都是一种流产或曰背叛。所以，如果我们是思想之仆，我们也必须是行动之仆。

人们之所以不愿付诸行动，往往因为害怕行动带来不利或危险。危险若从远处看，无疑很可怕，但如果

10　马修·阿诺德《多佛海滩》(Dover Beach, 1867)。

泰戈尔像
创作年份：1940年
徐悲鸿

你近距离地看，它并不那么骇人。它常常会是一个令人愉快的伴侣，为生活增添兴味。每日生活循规蹈矩不免沉闷，我们把很多事情都认定为理所当然，从而觉得了无生趣。而如果一段时间失去生活中最普通寻常的东西，那么再度拥有它时，会倍加珍惜。登山热爱者爬上高山，冒着肢体损伤甚至丧失生命的危险，只为在艰难登顶之后的那份喜悦与激动。正因为危险时刻笼罩着，登山家的感官变得更为敏锐，他们的欢乐因为悬于一线，故而更浓烈。

所有人都可以选择山谷，在不健康的雾霾里苟且生活，只求个平安，也可以选择攀登险峰，与危险为伴，只为了呼吸到山巅的新鲜空气，眼前是一览众山小的开阔视野，迎接冉冉升起的朝阳。

我在这封信里，引了不少诗句，最后不妨再用一首诗来做个结尾。这首诗来自泰戈尔的《吉檀迦利》[11]，它既是一首诗，也是一种祈祷：

> 在那里，心是无畏的，头也抬得高昂；
> 在那里，知识是自由的；
> 在那里，世界还没有被狭小的家国的墙隔成片段；
> 在那里，话是从真理的深处说出；
> 在那里，不懈的努力向着"完美"伸臂；
> 在那里，理智的清泉没有沉没在积习的荒漠之中；
> 在那里，心灵是受你的指引，走向那不断放宽的思想与行为——进入那自由的天国，
> 我的父呵，让我的国家觉醒起来罢。

---

[11] 吉檀迦利在印度语中是"献诗"的意思，由103首诗歌组成。这里所引的诗句是《吉檀迦利》第35组。